Joël Luc Cachelin

UPDATE!

Warum die digitale Gesellschaft
ein neues Betriebssystem braucht

Impressum

Bibliografische Information der Deutschen Nationalbibliothek: www.dnb.de.

Lektorat	Benita Schnidrig, Stämpfli Verlag AG, Bern
Satz	Stephan Cuber, diaphan, Liebefeld BE
Gestaltung	Büro Sequenz, St. Gallen

ISBN 978-3-7272-7885-3

Printed in Switzerland

Inhalt

Game over

Die Welt ist kaputt. Aus Syrien, Irak und Afghanistan strömen Millionen Flüchtlinge nach Europa. Rund um den Globus sprengen sich Terroristen in die Luft. Falschgläubige werden in der Wüste geköpft, verbrannt und von Klippen gestossen. Im Nahen Osten entfacht sich im Anschluss an den Arabischen Frühling aus einer Mixtur von religiösen Differenzen und geopolitischen Interessen ein Flächenbrand. Die Metapher vom dritten Weltkrieg wird benutzt und gleichzeitig verboten, weil die Populisten durch verängstigte Bürger nicht noch mehr Zulauf erhalten sollen. Derweil stürmen im Heidi-Land Propagandavideos mit singenden Politikern die Hitparade. Im australischen Dschungel essen C-Prominente vor laufenden Kameras Känguruhoden. Ein Autokonzern betrügt jahrelang Mitarbeitende, Kunden und die Öffentlichkeit – niemand übernimmt die Verantwortung. Versicherungen und Banken entlassen Zehntausende Mitarbeiter. 1 Prozent der Weltbevölkerung besitzt mehr als die anderen 99 Prozent zusammen. Experten befürchten einen Wegfall der Hälfte der Jobs in den nächsten zwanzig Jahren. In Griechenland und Spanien ist schon jetzt die Hälfte der Jugendlichen ohne Arbeit. Die Börsen bewegen sich in diesem Chaos steil abwärts. Das Meer ist bald leergefischt, an seiner Oberfläche schwimmt ein Plastikkontinent von der doppelten Grösse der USA. Weil die Bienen vom Aussterben bedroht sind, könnten schon bald Drohnen deren Job übernehmen. In den sozialen Medien und Kommentarfeldern wird geschimpft, nebensächlich, ob Wutbürger, Maschinen, bezahlte Studenten oder TROLLE am Werk sind. Jeder unserer digitalen

Trolle: Bezahlte Redaktoren, die in sozialen Medien und Kommentarspalten Beiträge verfassen, um die Stimmung anzuheizen, von etwas abzulenken oder falsche Fakten zu verbreiten

Klicks findet im PANOPTIKUM statt. Schweigend hat man die Überwachung als Gegenleistung für oberflächliche Unterhaltung und trügerische Sicherheit akzeptiert. Schaut man sich im Zug um, scheint trotzdem niemand glücklich zu sein. Der Hass wird grösser, die Unsicherheit steigt, die Zukunftsvisionen sind düster. Und niemand weiss, was nach dem Öl-Peak kommen wird, wie während des demographischen Wandels die Renten zu finanzieren, die wachsenden Mittelschichten in China und Indien zu ernähren oder mit Smartphones und Tablets zu versorgen sind.

Panoptikum: Gefängniskonstruktion, in der die Wächter sämtliche Gefangenen überblicken, diese aber umgekehrt die Wächter nicht sehen können

Symptome der Überlastung

Das gesellschaftliche Betriebssystem beschreibt, wie wir als Gemeinschaft Probleme lösen. Dazu zerlegt es die Komplexität der heutigen und zukünftigen Herausforderungen in kleine Arbeitspakete. Das erlaubt uns, sowohl unsere heutigen Bedürfnisse zu befriedigen, als auch in unsere Zukunft zu investieren. Das Betriebssystem ist ein argumentatives Gedankenkonstrukt. In der Realität zeigt es sich überall dort, wo wir als Gemeinschaft Geld ausgeben – für soziale Sicherheit (40 Prozent der Ausgaben), Bildung (17 Prozent), Unterstützung der Wirtschaft (13 Prozent) oder Verwaltung (13 Prozent). Eine seiner wichtigsten Aufgaben ist es, Knappheiten zu antizipieren, zu priorisieren und zu überwinden. Das setzt einen optimalen Einsatz unserer Ressourcen voraus. In einer Wissensgesellschaft sind diese vermehrt immaterieller Natur. Verlangt wird in einer Demokratie ein offenes Betriebssystem. So kann keine Elite das Betriebssystem in Eigenregie entwickeln. Vielmehr können wir alle mitwirken – sei es durch freie Meinungsäusserung, sei es durch Abstimmungen, Demonstrationen, Wahlen oder die Gründung von Unternehmen.

Das Betriebssystem ist überfordert, wenn es die Komplexität seiner Umwelt nicht abbilden kann. Aus unserer Neugierde und Gier resultiert der sich selber beschleunigende technologische Wandel. Seit einigen Jahren wird lieber von Digitalisierung gesprochen. Sie steigert die Komplexität unseres Lebens: Die Möglichkeiten des Denkens, Fühlens und Handelns nehmen ungebremst zu. Nicht nur die wirtschaftlichen, politischen und militärischen Spielregeln verändern sich durch die digitale Transformation. Sie redefiniert auch, wie wir wohnen, kommunizieren, uns informieren, bewegen, kennenlernen und lieben. Weil sich die Welt im ständigen Wandel befindet, muss sich auch unser Betriebssystem verändern. Doch mit unseren Gefühlen, Ängsten und dem Bedürfnis nach Demokratie sind wir als Gesellschaft träger als die Technologie und die Wirtschaft, die den Takt der Veränderung vorgeben. Diese beiden unterschiedlichen Geschwindigkeiten sind gefährlich. Übersteigt der LAG des kollektiven Betriebssystems eine gewisse Grösse, droht Chaos. Die Komplexität der Hilfsmittel wird der Komplexität der Probleme nicht mehr gerecht.

Das Betriebssystem ist überfordert, wenn es Menschen ausschliesst. Schon lange spricht man von Programmierern und Programmierten. Damit ist weniger die Tätigkeit des Programmierens als vielmehr das Definieren von gesellschaftspolitischen, geopolitischen und technologischen Spielregeln gemeint. Während die Eliten das Betriebssystem konstruieren, sind andere diesem wehrlos ausgesetzt. Die Digitalisierung intensiviert diese Zweiteilung. Weil das Netz den gesamten Planeten umspannt und in alle Lebensbereiche eindringt, erweitert sich die Herrschaftszone der DIGITALISIERUNGSTREIBER. Der damit einhergehende DIGITAL DIVIDE findet sowohl zwischen Staaten als auch innerhalb einer Gemeinschaft statt. Er spiegelt die Kluft zwischen den Gewinnern und Verlierern, verstärkt auch zwischen den Befürwortern und Skeptikern der digitalen Gesellschaft. Wer nicht willig oder fähig ist, den Aufforderungen der Treiber nachzukommen, wird ausgeschlossen. Er hat dann insbesondere keinen Zugang zum SERVICE PUBLIC –

Lag: Verzögerung, wenn ein Computer ungewohnt lange rechnet und man gleichzeitig nichts tun kann
Digitalisierungstreiber: Unternehmen, Institutionen und Staaten, welche die Digitalisierung zwecks Eigeninteressen vorwärtstreiben
Digital Divide: Graben zwischen jenen, die sehr digitalaffin und kompetent sind, und jenen, die dies nicht sind
Service public: Leistungen, die Gemeinde, Kanton, Bund sowie deren Betriebe den Bürgerinnen und Bürgern zur Verfügung stellen, zum Beispiel SRF, Post, SBB und Abfallentsorgung

zu den sozialen Auffangnetzen, Hilfsmitteln und Netzwerken, die sozialen Zusammenhalt, wirtschaftlichen Erfolg und Rettung in der Not bieten.

Das Betriebssystem ist überfordert, wenn Menschen flüchten. Flucht ist die letzte Lösung, wenn das System zusammenbricht und die Hoffnung auf eine Verbesserung der Zustände verlorengeht. Die öffentliche Diskussion unterdrückt, dass in erster Linie die Jungen, Mutigen, Starken und Hochschulabsolventen flüchten. Hintergrund der Flucht ist entweder ein Krieg, die Jagd auf Falschgläubige, ein diskriminierendes und wilderndes Regime, vermehrt der Klimawandel oder eine desolate Wirtschaft, in der es keine Arbeit und keinen Lohn gibt. In Zukunft könnten auch jene flüchten, die mit dem Vorgehen der Digitalisierungstreiber nicht einverstanden sind und sich nach einer alternativen Zukunft sehnen. Es ist ein zusätzliches Zeichen der Überforderung, wenn sich funktionsfähige Gesellschaften wehren, Flüchtlinge aufzunehmen, und deren Leid für politische Kampagnen missbrauchen. Flüchtlinge sind in Zeiten der Globalisierung immer auch Selbstversagen. Es misslingt uns, überall auf einem hochgradig vernetzten Planeten lebenswürdige Bedingungen zu schaffen. Lokales Versagen folgt auch aus den Eigeninteressen von mehr oder weniger offensichtlich intervenierenden Akteuren, die sich weit weg befinden und vor Ort auf das Entstehen von Krisen und Konflikten einwirken.

Das Betriebssystem ist überfordert, wenn es unaufhörlich neue Knappheiten schafft. Unsere Lösungen schaffen ständig neue Probleme, weil sie sich negativ auf Natur und Gesellschaft auswirken. Je mehr Nebenwirkungen das Betriebssystem hat, desto grösser ist sein Reformbedarf. Auch die Digitalisierung ist keineswegs ein problemloses Hilfsmittel. Je mehr Tablets, Smartphones, Laptops, Computer und Rechenzentren es gibt, desto mehr Rohstoffe und Energie entziehen wir dem Planeten. In Indien, Asien, Afrika und dem Nahen Osten streben in den nächsten Jahrzehnten zahlreiche Menschen unseren heutigen digitalen Reifegrad an. Diese drohenden materielle Engpässe stressen die Digitalisierungstreiber. Sie wissen um die Gefahren eines stockenden Wachstums, sollten Rohstoffe und Energie nicht mehr bereitstehen. Gleichzeitig forciert die Digitalisierung immaterielle Knappheiten. Je digitaler wir leben, desto weniger Stille, Romantik und Zufall gibt es. Deshalb fordern die OFFLINER eine integrierte Betrachtung von materiellen und immateriellen Knappheiten.

Das Betriebssystem ist schliesslich überfordert, wenn es kein Vertrauen geniesst. Die digitale Transformation wird von vielen statt als Chance als Bedrohung wahrgenommen. Man fürchtet sich vor einer Verkümmerung des sozialen Lebens, der Verdummung der Gesellschaft, vor Massenarbeitslosigkeit oder totalitären Machtzentren. Doch durch den Reformstau nimmt die Überforderung der Gesellschaft ungebremst zu. Wir zögern, die Potenziale der Digitalisierung zu nutzen – um Bürokratie abzubauen, neue politische Institutionen zu errichten oder mittels BIG DATA Rationalisierungs- und Effizienzeffekte zu nutzen. Fehlende Reformen lassen das Delta zwischen der exponentiellen technologisch-ökonomischen Veränderung und der beschränkten Anpassungsfähigkeit der Gesellschaft anwachsen. Aus dem überforderten System wächst ein umfassendes Misstrauen. Anstatt uns zu vereinen, treibt uns das veraltete Betriebssystem auseinander. Fiebrig wird nach Schuldigen gesucht,

Offliner: Gegenkultur, die sich gegen die selbstverständliche und fremdbestimmte Digitalisierung wehrt
Big Data: Sammeln und Auswerten von Datensätzen in grosser Menge aus unterschiedlichen Quellen, um neues Wissen zu generieren

ängstlich grenzt man sich gegenüber dem Fremden und Neuen ab. Wir verlieren den Glauben an eine positive Zukunft genauso wie das Vertrauen in unsere Fähigkeit, das Betriebssystem zu erneuern.

Schon eines dieser Symptome reicht, um die Notwendigkeit des Updates zu erkennen. Die gegenwärtige Überforderung lässt sich defizit- oder potenzialorientiert diagnostizieren. Orientiert man sich an den Defiziten, ist unser Betriebssystem nicht mehr gut genug, um die anstehenden Aufgaben zu lösen. Wir drohen, am Klimawandel, an der Überfischung der Meere, den Konflikten im Nahen Osten, dem grassierenden Terror beziehungsweise modernen Religionskriegen, der Armut in Afrika oder eben den Folgen der Digitalisierung zu scheitern. In der potenzialorientierten Diagnose liegt der Fokus auf der Unfähigkeit des heutigen Systems, die eigentlichen Potenziale der Gemeinschaft freizusetzen. In dieser Deutung brauchen wir neue Hilfsmittel, um die Intelligenz, Kreativität, Daten, Fähigkeiten und Netzwerke unserer Gemeinschaft besser zu nutzen. Nur Naive und solche, die befürchten, durch die Veränderungen etwas zu verlieren, verschliessen die Augen vor dieser doppelten Notwendigkeit des Updates unseres Betriebssystems.

Ursachen der Überlastung

Die digitale Transformation ist die neue Metaerzählung. Sie schildert den Umzug der Menschheit in den DIGITALEN RAUM sowie die daraus resultierenden Herausforderungen, Knappheiten und Konflikte. Der Umzug in eine neue Dimension ist der Grund, warum sich gegenwärtig so viel verändert und warum wir dringend ein neues Betriebssystem brauchen. Wir stehen an der Schwelle zum TRANSHUMANISMUS. Der Mensch wird zum CYBORG, der sein Habitat in den digitalen Raum erweitert. Vernetzte Geräte, intelligente Kontaktlinsen, digitale Gehirne, BIOCHIPS unter der Haut, NANOROBOTER in den Blutbahnen sowie konzentrations- und kreativitätsfördernde Psychopharmaka erneuern das menschliche Wesen. Zuletzt erfasst die Digitalisierung also uns selbst. In naher Zukunft werden wir die Erde mit intelligenteren und robusteren Wesen teilen, mit Robotern und KÜNSTLICHEN INTELLIGENZEN. Diese Vernetzung vereint alle Bewohner des Planeten in derselben Gesellschaft, gemeinsam bringen wir neue Lebensformen hervor. Es gibt kein Sie und Wir mehr. Wir sind alle wir.

Digitaler Raum: Betreten wir immer dann, wenn wir uns vor einen Bildschirm begeben, der mit dem Internet verbunden ist
Transhumanismus: Menschheit der nächsten Generation
Cyborg: Menschliches, aber maschinenähnliches Wesen, das durch die Verschmelzung mit Technologie und die Nutzung von Psychopharmaka entsteht
Biochips: Speicher, die unter der Haut Daten sammeln und empfangen können
Nanoroboter: Winzige Roboter, die zum Beispiel in den Blutbahnen Gesundheitswerte messen oder Zellen reparieren
Künstliche Intelligenz: Computer, die aufgrund von gesammelten Daten und ihrer Rechenleistung Entscheidungen treffen und sich dauernd weiterentwickeln, je nach Definition müssen sie ein eigenes Bewusstsein haben

Die Digitalisierung verläuft unumkehrbar und exponentiell. Der technologische Wandel beschleunigt sich selbst. Eine Erfindung zieht die nächste nach sich. MOORE'S LAW gilt nach wie vor: die Rechner werden noch immer exponentiell kleiner, schneller und billiger. In den nächsten zehn Jahren werden wir die Folgen der Digitalisierung stärker spüren als in den letzten zehn. Die digitale Transformation ist noch lange nicht am Ende, vielmehr beginnt sie gerade erst. Es gibt keine Rückkehr. Trotzdem neigen wir dazu, Veränderungen linear zu denken und das Exponentielle zu unterschätzen. Unsere Fantasie und der Widerwille, sich zu verändern, hindern uns daran, die exponentiell andere Zukunft zu antizipieren. Entsprechend richten wir auch unser Betriebssystem an einer linearen statt exponentiellen Logik aus. Folge ist ein steigendes Delta zwischen der hyperdigitalen Elite und jenen, die bei dieser Veränderungsfrequenz nicht mitkommen. Je länger wir den Denkfehler nicht beheben, desto grösser das Delta.

Moore's Law: Gesetz, dass sich die Rechenleistung alle zwei Jahre verdoppelt
Digitale Aura: Gesamtheit von technologischen Geräten, auf die wir nicht verzichten möchten und die gewissermassen Teil unseres Selbst werden
Internet der Dinge: Autos, Hauskatzen, Betten und Toiletten werden mit Sensoren ausgestattet und an das Internet angeschlossen

Die Vernetzung hat eine technologische, soziale und ökonomische Dimension. In der Folge der technologischen Vernetzung erneuert und erweitert sich unsere DIGITALE AURA ständig durch neue Geräte. Das Smartphone ist die unverzichtbare Schaltzentrale des digitalen Lebens. Morgen wird es vielleicht eine Projektion auf dem Handgelenk oder eine intelligente Kontaktlinse sein. Die Maschinen werden durch das INTERNET DER DINGE selbstständig und verständigen sich ohne unsere Hilfe. Toiletten melden Ärzten unsere Urinwerte, Kühlschränke kaufen für uns ein. Jeder Mensch ist mit seiner Biografie, seinen Fotoalben und gespeicherten Erinnerungen nur einen Klick von uns entfernt. In dieser sozialen Vernetzung kommt es zur Selbstorganisation: Wie durch Zauberhand finden wir Menschen mit ähnlichen Interessen, Bedürfnissen, Ängsten, Mängeln und Hoffnungen. Die soziale und technologische Vernetzung begünstigt die ökonomische. Produkte und Dienstleistungen sind das Ergebnis einer Vielzahl von kooperierenden Unternehmen, wobei sich die Grenzen zwischen ihnen und die Abteilungen und Hierarchien in ihnen auflösen.

Statt Unternehmen konkurrenzieren sich Plattformen. Die dreifache Vernetzung bringt ein neues Wirtschaftssystem hervor. Je nach Perspektive nennt man es SHARING-ECONOMY oder PLATTFORM-KAPITALISMUS. Das einzelne Produkt verliert an Bedeutung, wichtiger sind die Funktionen der Plattformen. Zugang triumphiert über Eigentum, Geschwindigkeit über Perfektion, Teilen über Wegwerfen. Die neuen Giganten Uber, Instagram und Netflix sowie die UNICORNS in deren Gefolgschaft setzen sich nur durch, wenn sie eine kritische Grösse erreichen. Diese ist nötig, um Investitionen zu tätigen, die Schnittstellen zu den Kunden zu besetzen und sich mit tiefen Kosten gegen neue Konkurrenten zu wehren. Dazu integrieren sie möglichst viele Leistungen. Facebook ist mehr als ein Fotoalbum. Es ist auch Newsportal, Telefonbuch und Kundenmagazin, in Zukunft vielleicht auch Sicherheitsdienst, Bank und Versicherung. Je näher man an den Kundinnen ist, desto besser lassen sich Daten sammeln, deren Bedürfnisse und Zahlungsbereitschaft erahnen. Um von tiefen Stückkosten und

Sharing-Economy: Wirtschaft des Teilens, bei der Güter, Ressourcen und der Zugang zu Dienstleistungen geteilt werden
Plattform-Kapitalismus: Nicht Unternehmen, sondern digitale Plattformen stehen im Wettbewerb, die als Ökosystem gegenüber Kunden Leistungen integrieren, wobei dezentral viele Entwickler die Leistungen erbringen
Unicorns: Start-ups, deren Wert von Investoren auf mindestens eine Milliarde geschätzt wird

Einkaufsmacht zu profitieren sowie die SKALIERBARKEIT zu sichern, vereinheitlichen die Plattformen ihre Produkte und Prozesse.

In der Digitalisierung gilt das Cloud-Prinzip. Dabei wird etwas zentral zur Verfügung gestellt, um damit dezentrales Handeln zu ermöglichen. Google ist ein zentrales Verzeichnis, mit dem wir dezentral durch das Internet navigieren. Netflix sammelt Filme, Facebook Neuigkeiten, booking.com Hotelzimmer. Zweifellos sparen monopolartige Strukturen Ressourcen, und sie vereinfachen unseren Alltag. Eine Fragmentierung der sozialen Netzwerke, Hotelzimmer, Neuigkeiten, Filme, der Musik und der Vergleichsportale für Flugzeugtickets führt zu mehr Aufwand und ist damit aus Kundensicht nur bedingt hilfreich. Doch die Zentralisierung begünstigt die MCDONALDISIERUNG, reduziert die Vielfalt und vielleicht unsere Innovationskraft. Unübersehbar schafft sie gigantische Machtzentren und Missbrauchspotenziale. Das Cloud-Prinzip und dessen Nachteile kennen wir schon lange – wobei früher der Staat die analoge Infrastruktur finanziert und verwaltet hat. Offenbar ist er nun aber nicht fähig, die digitale Infrastruktur bereitzustellen, und hat deren Errichtung, Management und Erneuerung an globale Konzerne delegiert. Problematisch sind die neuen gigantischen Clouds, wenn die Eigeninteressen der Konzerne nicht transparent sind oder sich nicht mit jenen der Gemeinschaft decken.

Skalierbarkeit: Ein Produkt oder eine Dienstleistung wird so weit standardisiert, dass die Erfolgslogik auf viele Kunden und Märkte übertragen werden kann

McDonaldisierung: Reduktion kultureller Eigenheiten vor dem Hintergrund einheitlicher Produktion und Vermarktung

Digitalisierungstreiber forcieren die Digitalisierung, um ihre Profite zu sichern und ihre Macht auszubauen. Ihre Unterstützung bei unserer Übersiedlung in den digitalen Raum gleicht mindestens so sehr einem Prozess der Kultivierung wie einem der Eroberung. Der Umzug gelingt nur demjenigen, der dem ökonomischen Diktat gehorcht: Steigere deine Intelligenz (Effektivität), und senke deine Kosten (Effizienz)! Der Befehl gilt für alle Wirtschaftssubjekte – für Menschen, Unternehmen und Nationen. Misslingen die Bestrebungen, ist im Sinne der DISRUPTION schnell ein neuer Konkurrent da. Die Tourismus-, Foto- und Taxiindustrie sowie die Medien wurden bereits radikal erneuert. Banken, Versicherungen, die Automobil- und Pharmaindustrie werden als nächste Opfer gehandelt. Wer in der digitalen Transformation vorausgeht, bestimmt die Spielregeln der Zukunft und investiert in seinen künftigen Erfolg. Zu den wichtigsten Treibern der Digitalisierung gehören neben Hardware- und Software-Produzenten alle, die hoffen, durch das Internet ihre Prozesse zu verbilligen oder von den anfallenden Daten zu profitieren. In der Lesart der Eroberung ist die Digitalisierung eine geopolitische Strategie, um andere Länder zu beherrschen.

Disruption: Radikale Veränderung von Märkten durch die Befriedigung neuer Bedürfnisse oder neue Angebote, wobei häufig bisherige Unternehmen und Branchen Schaden nehmen

Die Digitalisierungstreiber sind datenhungrig. Sie wünschen sich maximale Transparenz über unsere Arbeitsleistung, unsere Bedürfnisse, Ängste, Hoffnungen, Einnahmen und Ausgaben. Sie versprechen, dass wir glücklicher sein werden und unser Alltag unfassbar einfach sein wird. Doch mit unseren Daten wollen die Anbieter auch intelligenter und effizienter werden. Sie zeigen den Konzernen, wo sie sparen und wie sie sich mit neuen Produkten oder neuen Mitarbeitenden weiterentwickeln können. Die gesammelten Daten haben den schönen Nebeneffekt, Unternehmen zur Marktbearbeitung der nächsten Generation zu befähigen. Digitalisierungstreiber wollen uns im richtigen Moment mit der richtigen Botschaft auf dem richtigen Kanal mit den richtigen Produkten und Preisen ansprechen. Quasi als Bonus versprechen die Daten den Eintritt in neue Geschäftsfelder. Facebook könnte in Zukunft mit seiner Fähigkeit, unsere Gesichter unseren Identitäten zuzuordnen, die Flughafenkontrollen durchführen, ein Telekommunikationsanbieter sich mit seinem Wissen über die Netzwerke in der Gesellschaft bereichern, Uber die Strassen und Metrolinien der Zukunft bauen.

Digitalisierte Menschen leben in goldenen Käfigen. Unsere DIGITALEN SCHATTEN schliessen uns in BUBBLES mit personalisierten Playlists und STREAMS ein. Je mehr Daten wir hinterlassen, desto mehr passt sich das Internet uns an. Unsere Bedürfnisse werden präzise befriedigt, gleichzeitig bestimmen die Digitalisierungstreiber aber auch, wie sich unser Weltbild konstruiert, welche Informationen zu uns vordringen und in welchen sozialen Kreisen wir verkehren. Wir werden rund um die Uhr beobachtet, mit der Propaganda der Digitalisierungstreiber versorgt und wie Mastgänse zum Konsum gezwungen. Die goldenen Käfige sind gefährlich, weil wir das Gespür für die Aussenwelt, das Mitgefühl und das Interesse für die Meinungen der anderen verlieren. Zwar fühlen wir uns in der perfekt zugeschnittenen Welt wahnsinnig wohl – aber wir leiden, weil wir unsere Welt mit niemandem teilen können. Der Aufenthalt in Ich-Käfigen erklärt zu einem ge-

Digitale Schatten: Gesamtheit der Daten, die wir bewusst und unbewusst durch das Surfen im Internet hinterlassen
Bubbles: Das Internet passt sich vermehrt unseren Interessen und Gewohnheiten an, wobei wir in einer Art Seifenblase gefangen sind und nur noch mit uns selber konfrontiert werden
Streams: Die Ansicht der Neuigkeiten und Angebote in digitalen Informations- und Unterhaltungsportalen

wissen Grad die Politverdrossenheit und die Inhaltsleere heutiger Wahlkämpfe. Wir machen uns zu passiven Konsumenten, die darauf warten, dass sich die Welt verbessert.

Die Digitalisierung ist ein mehr oder weniger verstecktes Rationalisierungsprogramm. Statt Arbeit in den Osten auszulagern, delegiert man sie an Automaten, Roboter, Algorithmen und Drohnen. Die Versuchung, Maschinen zu engagieren, nimmt stetig zu. Sie werden intelligenter, billiger und lernfähiger. Von der bevorstehenden Rationalisierungswelle sind besonders Büroangestellte, das mittlere Management und die Verwaltung betroffen. Um die Kosten tief zu halten und die Flexibilität zu erhöhen, drängen Arbeitgeber auf Projektverträge statt Arbeitsverträge. Sie beziehen Wissen und Innovationen von freien Mitarbeitenden oder ihren Kunden. Die Arbeitsplatzsicherheit sinkt, der Schutz der Arbeitnehmer wird relativiert. Die Leistung bleibt als einziges Kriterium übrig, um die Arbeit zu verteilen. Es ist unklar, für wen es in Zukunft noch Arbeit gibt und wie man die Wirtschaftskreisläufe ohne eine Mittelschicht mit entsprechenden Löhnen aufrechterhalten kann. Produkte und Dienstleistungen mit menschlicher Arbeitsbeteiligung werden verhältnismässig teurer. Je mehr sich Einkommen und Vermögen polarisieren, desto mehr stellt sich die Frage, wer sich diese leisten kann.

Je komplexer die Probleme, desto komplexer müssen die Hilfsmittel sein. Das gilt auch für das Betriebssystem der Gesellschaft. Man hätte keine Freude, würde ein Arzt mit den Enzyklopädien und Hilfsmitteln des 19. Jahrhunderts Hand an einen anlegen. Entspricht die Innenkomplexität eines Systems nicht seiner Aussenkomplexität, entstehen zwangsläufig Probleme, weil das System von seiner Umwelt überfordert ist. Um uns an die Komplexität anzupassen, müssen wir die technologische, soziale und ökonomische Vernetzung der Gesellschaft durch Updates erhöhen. Politische Interventionen sollten im Kontext der Wissensökonomie darauf abzielen unsere Lernfähigkeit zu erhöhen – auf individueller und kollektiver Ebene. Letzteres setzt neue Instrumente und Förderansätze voraus, damit wir als Gemeinschaft unsere Gedanken, Ideen, Fähigkeiten und unsere Wissen besser nutzen können. Die Beschleunigung der Digitalisierung reduziert die Zeit, die uns für die Anpassung zur Verfügung steht. Die Wissensgesellschaft ist ein Geschwindigkeitswettbewerb, bei dem es darum geht, unsere Ideen in technologischen, sozialen und ökonomischen Fortschritt zu übersetzen.

Statt das Update zu programmieren, konzentrieren sich Politiker auf die Behebung der Symptome. Die Hilfsmittel, Systeme und Institutionen, die uns als Gesellschaft zur digitalen Transformation befähigen und deren Nebenwirkungen abfedern sollten, sind konzeptionell veraltet. In den letzten Jahrzehnten haben wir keine Reformen gewagt. Unser Bildungs-, Politik-, Steuer-, und Sozialversicherungssystem steckt in der Vergangenheit fest. Die Verwaltung, das Militär oder die Religion brauchen Jahrzehnte oder gar Jahrhunderte, um sich zu transformieren und den Schritt in das digitale Zeitalter zu bewältigen. Der Gesellschaft fehlen die Fürsprecher. Die Politik, die eigentlich für die Transformation verantwortlich ist, leidet unter den Eigeninteressen der Parteien, Stellvertreter und Eliten. Weil man weder das Volk beunruhigen noch den eigenen Sessel im Parlament verlieren will, dringt man nicht zum Wesentlichen vor. Man setzt alle Energien in die Aufrechterhaltung von Arbeitsplätzen (links) oder das Ankurbeln des Wirtschaftswachstums (rechts) sowie die Bekämpfung der Schuldigen (Staat, Ausländer und Faulenzer auf der rechten Seite; Abzocker,

Konzerne und Umweltsünder auf der linken). Mit diesen Killerargumenten erhalten beide Seiten das veraltete System.

Wenn wir das Update hinausschieben, droht Chaos. Operiert eine Gemeinschaft zu lange mit einem veralteten Betriebssystem, sind soziale Unruhen, Ressourcenkämpfe, Kriege, eine Isolation der Elite und autoritäre Herrschaftssysteme vorprogrammiert. Auch volkswirtschaftlich kann man es sich nicht erlauben, das gesellschaftliche Betriebssysteme sich selbst zu überlassen – will man auch in Zukunft vorne mit dabei sein. Schliesslich lädt ein veraltetes System zu neuen Formen der Kolonialisierung ein. Dabei übernehmen neue Instanzen die Kontrolle über den digitalen Raum, über unsere Ressourcen, Ideen und Netzwerke. Bisher regt sich wenig Widerstand und zeigt sich wenig Veränderungswille. Als Gemeinschaft tendieren wir dazu, auf ein Update zu warten. Tun wir dies aber zu lange, müssen wir uns irgendwann statt mit einem Update mit einem Neustart befassen. Eine ruhige Phase, in der wir die gesellschaftlichen Updates vorantreiben könnten, ist nicht in Sicht. Wir sind deshalb alle aufgefordert, das Update vor dem Ausbruch des Chaos in Angriff zu nehmen.

Update

Das Update bezweckt, die Gesellschaft zum digitalen Wandel zu befähigen. So wie Unternehmen DIGITALE OFFIZIERE berufen und DIGITALE STRATEGIEN entwickeln, benötigt auch die Gesellschaft Initiativen, um die digitale Transformation erfolgreich zu bewältigen. Ohne aktive Steuerung der Digitalisierung droht das Delta zwischen technologisch-ökonomischer und gesellschaftlicher Veränderungsgeschwindigkeit zu gross zu werden. Autoritäre TECHNOKRATIEN, destruktiver Widerstand oder eine Zweiteilung der Gesellschaft in On- und Offliner wären möglich Folgen. Gefragt ist eine nachhaltige Digitalisierung. Diese optimiert die technologische, soziale und ökonomische Vernetzung inklusive deren Wechselwirkungen, antizipiert materielle und immaterielle Knappheiten und übersetzt Nebenwirkungen der Transformation in Lernprozesse. Die Erneuerung des dafür nötigen Betriebssystems hat verschiedene Facetten:

Digitale Offiziere: Menschen, die im Unternehmen ausgewählt werden, um die digitale Transformation zu planen, entsprechende Massnahmen zu initiieren und zu kontrollieren
Digitale Strategien: Zeigen auf, wie Unternehmen die digitale Transformation bewältigen wollen, haben eine Markt- und eine Ressourcensicht
Technokratie: Ein Technologiekonzern beziehungsweise dessen Maschinen übernehmen die Macht

Infrastruktur: Wir redefinieren den Service public und investieren in die Infrastruktur, um die Logistik von Menschen, Waren und Daten zu optimieren.
Verwaltung: Wir digitalisieren die Verwaltung, um Behördengänge zu vereinfachen und Behörden via Cloud Zugriff auf unsere Daten zu geben.
Crowd-Power: Wir etablieren ein 3-Kammer-System mit einer digitalen Kammer, die online Gesetze diskutiert sowie Budgets erstellt und verabschiedet.

Wirtschaftsförderung: Wir entwickeln uns zur Open-Source-Wirtschaft, fördern zukunftsorientierte Start-ups, die Sharing-Economy und alternative Währungen.
Bildung: Wir formen Schulen zu inspirierenden Co-Learning-Umgebungen, in denen das Entdecken an die Stelle des Vermittelns tritt.
Sozialversicherungen: Wir kehren das defizitorientierte Paradigma in ein potenzialorientiertes und zahlen uns ein Grundeinkommen aus.
Gemeinschaftsdienst: Wir übernehmen als Gegenleistung für das Grundeinkommen ein «Ämtli», das der Gesellschaft als Ganzes zugutekommt.
Umweltintelligenz: Wir schliessen mit Big Data und dem Internet der Dinge Stoffkreisläufe und bewegen uns in die Richtung einer Kreislaufwirtschaft.
Steuern: Wir dämmen den Digital Divide und ökologische Belastungen durch die Besteuerung von Energie, Kapital und Finanztransaktionen ein.
Religion: Wir fördern eine suprareligiöse Reformation, das Zurückdrängen der Propheten setzt vor allem eine religiöse Aufklärung voraus.

Infrastruktur

Die digitale Gesellschaft verlangt eine erstklassige Infrastruktur. Sie beeinflusst den wahrgenommenen Wohlstand ebenso wie die Qualität der Logistik von Menschen, Gütern und Informationen. Eine gute Infrastruktur stärkt die Attraktivität des wirtschaftlichen Ökosystems. Unternehmerinnen, Kreative und Investoren werden angezogen. Sie alle sind für den Erfolg im Zeitalter der Kreativität und der Netzwerke unerlässlich. Die Infrastruktur einer digitalen Gesellschaft beginnt im Analogen – mit Strassen, dem öffentlichen Verkehr, Parkanlagen, der Versorgung mit Elektrizität und Wasser. Genauso wichtig ist die digitale Infrastruktur, also die Möglichkeit, sich jederzeit in ein schnelles und stabiles Internet einzuloggen. In der nächsten Etappe der Digitalisierung verschmelzen die analoge und digitale Infrastruktur. Auch in Zügen, Flughäfen, Wartezimmern und Cafés wollen wir arbeiten, uns informieren, uns vernetzen und uns unterhalten.

Das Internet ist die Lebensader der digitalen Gesellschaft. Es geht nicht darum, nur noch virtuell zu leben. Aber wir brauchen und wollen die Möglichkeit, jederzeit online zu sein. Banken, Versicherungen, die Post oder die SBB – sie alle wollen digital mit uns interagieren. Wir sollen online Tickets kaufen und per Smartphone Geld überweisen. Weil digitale Prozesse ihre Effizienz und Intelligenz steigern, werden Unternehmen noch mehr darauf pochen, uns digital zu erfassen, zu kontaktieren, zu informieren und zu bedienen. Auch der Arbeitsplatz und das persönliche Wissensmanagement verlagern sich in die CLOUD. Wenn wir aber Musik, Filme, Dokumente, Daten und Kontakte nur noch im Internet speichern, wird der digitale Zugang unverzichtbar. Ohne Netz stehen wir quasi vor verschlossenen Türen. Können wir nicht online gehen, fehlt der Zugang auf die Musik, Kontaktdaten, Bankkonten und Strassenkarten.

Clouds: Digitale Speicher wie Dropbox, bei denen Daten zentral virtuell gespeichert, aber von überall abgerufen werden können

Grundlage der Logistik der nächsten Generation ist die fortlaufende Aufzeichnung von Daten. Smartphones, RFID-Chips und Beacons wissen, wo wir und unsere Dinge sind. Sämtliche Mobilitätsträger wachsen zu einem integrierten System zusammen. Wenig konsequent und mit doppelten Kosten verbunden, ist die Einführung von digitalen Prozessen bei gleichzeitiger vollumfänglicher analoger Infrastruktur. So hält die SBB (noch) trotz Swisspass am Personal fest, um diesen zu kontrollieren. Kunden werden nicht ewig bereit sein, diesen doppelten Aufwand zu bezahlen. Setzt eine Gemeinschaft voll auf die Karte digital, braucht es Standards, um die Logistik von Menschen, Gütern und Daten zu verbessern. Zum Beispiel würden Kassenbelege mit einheitlichen Strichcodes den Informationsaustausch deutlich vereinfachen. Noch besser wären Belege, die man via Smartphone direkt in der Buchhaltung ablegt. Ebenso hilfreich wären digitale Identitäten, um unsere Mobilitätskosten oder das Versenden von Post mittels RFID zu berechnen.

RFID-Chips: Sender-Empfänger-Technologie zum automatischen Identifizieren und Lokalisieren des Chipträgers mittels Radiowellen
Beacons: Kleine Sender, die in festen Zeitintervallen Signale senden, die dann zum Beispiel auf dem Smartphone empfangen werden und so neue Formen der Interaktion ermöglichen

Auch wenn der Internetzugang und der öffentliche Verkehr in der Schweiz sehr gut sind, darf dies nicht über Defizite hinwegtäuschen. Unser Eisenbahnnetz befindet sich an der Belastungsgrenze. Verspätungen sind in den Stosszeiten normal geworden. Die Bevölkerung wird weiterhin wachsen, einst werden Hochgeschwindigkeitszüge Europa mit China verbinden. Ausserhalb der Städte ist das Internet langsam, Glasfaser noch lange nicht überall Realität. Es werden neue Technologien entstehen, um Daten schneller zu transportieren, zum Beispiel per Licht. Die digitalen Leitungen müssen ständig erneuert werden. Störend sind fehlende

Signalverstärker und Steckdosen in Zügen sowie Internetlücken entlang der Verkehrsachsen – auch weil sie die Arbeit der mobilen Wissensarbeiterinnen unterbrechen. Altbekannt ist das Roaming-Thema. Telekommunikationsanbieter gehen von Touristen aus, die nur im Hotelzimmer ins Internet wollen, das Streamen von Musik ist im Ausland aufgrund der Kosten undenkbar. Senken nationale Anbieter ihre Preise nicht, werden Kunden zu globalen Anbietern wechseln. Google, Facebook und Co. warten nur darauf, mit Drohnen und Luftballons in diese Lücke zu springen.

Die Digitalisierung erfordert eine Redefinition des Service public. Dieser ist für die Qualität des ökonomischen Ökosystems und – vor dem Hintergrund des Digital Divide – für den sozialen Zusammenhalt unerlässlich. Das Internet sollte wie Trinkwasser überall frei zur Verfügung stehen. Die wachsende Anzahl an angeschlossenen Nutzern, Geräten und Dingen provoziert einen kontinuierlichen Investitionsbedarf in die digitale Infrastruktur. Doch stellt sich die Frage, wer die nötigen Investitionen trägt. Denkbar wäre ein FABI-ähnlicher Fond, der die Swisscom beim Ausbau des Netzes unterstützt. Oder wir könnten die Billag in eine allgemeine Digitalsteuer umwandeln, um den Ausbau des digitalen Service public zu finanzieren. Zu diesem gehören unabhängige Medien, Bibliotheken und der Zugang zu Datensätzen. Um unsere Daten vor Missbrauch zu schützen, könnte auch ein Verschlüsselungsdienst und ein Datenspeicher dazugehören. Vielleicht müsste man dazu neue Staatsbetriebe gründen – die nach der Investitionsphase durchaus wieder teilprivatisiert werden können.

FABI: Vom Volk genehmigter Fond zum Ausbau des Schweizer Eisenbahnnetzes bis 2025 in der Höhe von 6 Milliarden

Verwaltung

Die Verwaltung ist ein Intermediär, der durch die Digitalisierung unter Druck gerät. Paradebeispiel für die Bedrohung von Intermediären ist der Tod des CD-Ladens. Zuerst wurde er durch Download-Dienste wie iTunes, später durch Streaming-Anbieter wie Spotify verdrängt. Offensichtlich brauchen diese Plattformen viel weniger Mitarbeitende. Nun ist die Verwaltung ein typischer Intermediär. Sie koordiniert die Problemlösung der Gemeinschaft, allerdings mit einer gigantischen Bürokratie. In Zukunft wird deren Arbeit an Maschinen und uns Bürger delegiert. Adressen ändern wir online und für alle Behörden gleichzeitig. Apps wie «Züri wie neu» erlauben eine direkte Interaktion zwischen Bürgerinnen und Problemlösern – in diesem Falle mit Bauunternehmen, die sich um Strassenschäden kümmern. Auch die SBB setzt auf neue Interaktionsformen: Mit QR-Codes meldet man defekte Toiletten. Maschinen werden unsere Daten verwalten. Sie berechnen Sozialversicherungen und kontrollieren Steuererklärungen. Eine menschliche Verwaltung bleibt dort sinnvoll, wo Menschen in Not- und Extremsituationen ein Gegenüber benötigen, oder dort, wo wir uns als Gemeinschaft Think-Tanks gönnen.

QR-Codes: Viereckige Strichcodes, die man mit dem Smartphone scannen kann

Die digitale Verwaltung ist ein IT-Unternehmen. Diese Annahme macht deutlich, wie gross der Veränderungsbedarf ist und warum die Verwaltung in ihre Arbeitgebermarke investieren muss. Für die anstehenden Reformen braucht es Spitzenkräfte. Digitale Prozesse und Plattformen müssen bezüglich Funktionalität, Design und Sicherheit mit den Lösungen mithalten, die wir aus dem Privatleben kennen. Sonst verschwenden wir Zeit und Geld, das Image der Verwaltung leidet. Zudem wird der Ruf nach Privatisierung laut, was ausländischen Konzernen aufgrund ihrer Kompetenzen die Tore öffnet. Die Professionalisierung impliziert eine verstärkte Buy- statt Make-Strategie. Der Föderalismus ist bei der digitalen Verwaltung hinderlich. Es ist sinnlos, dass jeder Kanton eine eigene digitale Lösung für die Erfassung der Steuerdaten hat. Der Ressourcenverschleiss ist insbesondere störend, wenn gleichzeitig in der Bildung oder der Erneuerung der Infrastruktur gespart wird.

Buy- or Make-Strategie: Unternehmen können sämtliche Wertschöpfungsschritte selber bewältigen (make) oder gewisse Vorleistungen einkaufen beziehungsweise auslagern (buy)

Die Verwaltung der digitalen Gesellschaft ist papierlos. Sozialversicherungen und Steuerbehörden belästigen uns immer noch mit Papieren, die wir weder durchlesen noch archivieren wollen. Selbst für 10-Rappen-Beiträge werden Briefe verschickt. Besonders lästig sind Medienbrüche, wenn wir mitten in einem digitalen Prozess etwas ausdrucken und einschicken müssen. Digitale Prozesse vermeiden lästige Behördengänge. Bis heute ist es nicht möglich, online einen Auszug aus dem Betreibungs- oder Strafregister zu bestellen und weiterzuleiten – geschweige denn den Eintrag im Handelsregister vom einen zum anderen Kanton zu übertragen. Medienbrüche führen zudem aus Sicht der Gemeinschaft zu teuren Druck- und Scan-Orgien. Sie binden Mitarbeitende, deren Potenziale wir sinnvoller nutzen könnten. Wie gross unser Nachholbedarf ist, zeigt sich im Online Government Index der OECD – die Schweiz rangiert auf dem 64. Rang. Die Kommunikation mit Papier ist schliesslich deshalb nicht zukunftsfähig, weil das Versenden von Papier Natur und Infrastruktur unnötig belastet.

Eine digitale Verwaltung unserer Daten ist gefragt. Das setzt für alle Bürgerinnen eine digitale Identität voraus. Eine schweizweite Lösung sollte sich nun rasch durchsetzen, um im E-Government

Fortschritte zu erzielen. Gefragt ist dazugehörig eine Plattform, auf der wir sämtliche staats-, kantons- und gemeinderelevanten Daten (Adressen, Bankkonten, Arbeitgeber, MwSt., Krankenakten, Bewilligungen etc.) selbstständig verwalten. Mittels Verwaltungscloud geben wir Behörden, Arbeitgebern, Vermietern etc. selektiv Zugriff auf unsere Daten. Damit schliessen wir zum Beispiel einen neuen Arbeitgeber per Link an unsere Sozialversicherung an – ohne Formular und innerhalb von Sekunden. Fehlende digitale Schnittstellen führen zu Fehlern, Mehraufwand und Gelegenheiten, die Gemeinschaft zu betrügen. Weil es keinen automatischen Datenaustausch gibt (zwischen Banken, Steuerbehörden, Arbeitgebern, MwSt. und AHV), werden provisorische Berechnungen durchgeführt, die noch mehr Papierwut verursachen.

Die digitale Verwaltung fordert Datenschutz und Datensicherheit heraus. Digitale Lösungen machen selbstverständlich nur Sinn, wenn wir den Systemen vertrauen und unsere Daten gegen Missbrauch geschützt sind. Der Schutz unserer Daten wird durch Sicherheitslösungen garantiert, die dem State of the Art entsprechen und von unabhängigen und politisch neutralen Instanzen kontrolliert werden. Es muss garantiert sein, dass wir selbst unsere Datentresore verwalten und nicht sämtliche Instanzen automatisch auf alle Daten Zugriff haben. Die Digitalisierung der Verwaltung macht uns verwundbarer, weil durch einen Angriff viel mehr Daten entwendet werden können und eine Panne viel grössere Konsequenzen hat. Auch deshalb ist eine herausragende digitale Kompetenz der Verwaltung unerlässlich für den digitalen Transformationsprozess der Gesellschaft. Estland macht vor, dass es für eine Digitalisierungsoffensive primär den entsprechenden Willen braucht.

Crowd-Power

Die Digitalisierung hat das Potenzial, die Demokratie zu erneuern. Es ist in Mode, über das Versagen des Internets und dessen totalitäre Züge zu klagen. Doch zweifellos lässt dieses neue Formen entstehen, um sich politisch auszudrücken, zu formieren, Wissen zu teilen oder die Bedürfnisse der Gemeinschaft zu befriedigen. Es gibt zahlreiche Plattformen und soziale Medien, um zu protestieren, seine Meinung auszudrücken oder sich politisch zu organisieren. Die digitale Gesellschaft relativiert den Nationalstaat. Probleme, Gemeinschaften und Wirtschaftsnetzwerke haben diese vordigitalen Grenzen längst überwunden. In Estland kann man sich in naher Zukunft für 50 Euro eine E-RESIDENCY, eine digitale Staatsbürgerschaft, kaufen. Diese Erneuerungen könnten helfen, unsere Ideen besser sichtbar zu machen und zu kombinieren. Es könnte gelingen, Demokratie noch partizipativer zu denken, die Politikverdrossenheit zu überwinden und Parteipolitik durch Sachpolitik zu überwinden.

E-Residency: Digitale Staatsbürgerschaft, die insbesondere vor dem Hintergrund der Gründung von und Mitarbeit in Unternehmen angeboten wird

Crowd-Sourcing: Digitales Brainstorming unter Einbezug von möglichst vielen und unterschiedlichen Teilnehmenden

Mit Crowds können wir unsere wertvollsten Ressourcen besser nutzen. Die Kombination unserer Ideen, Daten und Netzwerke entscheidet über den technologischen, wirtschaftlichen und sozialen Fortschritt und damit über unsere Zukunft. CROWD-SOURCING will den gesellschaftlichen Innovationsprozess öffnen. Innovation soll statt zentral von wenigen Politikern vorgegeben dezentral von uns Bürgerinnen erarbeitet werden. Wir bestimmen, wie wir ein Areal überbauen, welche Wirtschaftszweige wir wie fördern. Die direkte Demokratie wandelt sich zur unmittelbaren Demokratie. Dabei emanzipieren wir uns von den Parlamenten und der Verwaltung und nehmen die Lösung selbst in die Hand. Gesetzgebungsprozesse werden durch digitale Kooperation transparent und kürzer. CROWD-FUNDING schafft neue Optionen, um politische Kampagnen und Initiativen zu finanzieren. Im Wahlkampf 2015 kaufte ein Student mittels Wemakeit die Titelseite von «20 Minuten». Er übertraf die benötigte Summe von 138 815 Franken noch vor der Deadline. Die kleine Schweiz stellte damit nebenbei einen europäischen Rekord im Crowd-Funding auf.

Crowd-Funding: Finanzierung von Vorhaben mit Hilfe digitaler Plattformen, z.B. Wemakeit oder 100-days, durch Fans und Freunde

Eine hohe Diversität der Teilnehmenden steigert die Qualität des Ideenfindungsprozesses. Um unsere kollektive Intelligenz zu nutzen, braucht es eine klare Fragestellung, Transparenz des Verfahrens und eine fakultative Anonymität der Teilnehmenden. Wenn wir Herausforderungen in klare Fragestellungen zerlegen, steigt die Sachlichkeit des Politischen. Die Qualität der Ideen steigt, wenn sich unterschiedliche Menschen an der Ideenfindung beteiligen. Digitale Brainstormings sollten sämtliche Altersgruppen, beide Geschlechter, Stadt und Land abdecken sowie sexuellen, ethnischen, religiösen oder anderen Minderheiten eine Stimme geben. Weil Städte die Treiber der technologischen, sozialen und wirtschaftlichen Innovation sind, müssen diese in den politischen Institutionen und Prozessen genügend berücksichtigt sein. Die Vertretung grosser Städte im Ständerat würde diese Vertretung sicherstellen. Unterdurchschnittlich repräsentiert sind auch Migranten. Zugewanderte und Secondos ohne Schweizer Pass sind bisher von den offiziellen politischen Prozessen ausgeschlossen.

Digitale Parlamente erweitern die Legislative in den digitalen Raum. Auch in Zukunft braucht es Legislative, Exekutive und Judikative. Die Gewaltentrennung ist eine der zentralen Errungenschaften der Demokratie. Indes wäre es denkbar, das heutige 2-Kammer-System auf ein 3-Kammer-System zu erweitern. In der Schweiz vertritt der Ständerat die Interessen der Kantone oder eben der Regionen und der Nationalrat die Interessen aller Bürgerinnen mit Stimm- und Wahlrecht. Ein digitaler Rat würde die Interessen sämtlicher in der Schweiz wohnhaften Personen abdecken. Zudem wären mit einem digitalen Parlament die Ideen und Meinungen der Digitalaffinen besser berücksichtigt. In dieser neuen Kammer würden gesellschaftliche Herausforderungen und entsprechende Lösungen diskutiert sowie die entsprechenden Budgets verabschiedet.

Neben der Crowd gibt es eine zweite Innovationsquelle für die digitale Gemeinschaft: Big Data. Steuerbehörden, das Bundesamt für Statistik, das Militär, aber auch die Staatsbetriebe sammeln unaufhörlich Daten. Diese sind ein Rohstoff der Zukunft, weil sie Wissen über die Gemeinschaft speichern. Die Nutzung unserer Daten, um das Verkehrs-, Gesundheits- und Bildungssystem weiterzuentwickeln, setzt eine hohe Reife der digitalen Gesellschaft voraus. Ohne die entsprechenden Kompetenzzentren in der Verwaltung, welche die Daten auswerten, können wir diese nicht in Wissen und einen konkreten Nutzen für die Gesellschaft übersetzen. Durch eine Stärkung des OPEN-DATA-Prinzips könnten wir Bürgerinnen und Bürger sowie deren Unternehmen verstärkt zur Innovation unseres Betriebssystems anregen.

Open Data: Zurverfügungstellung der öffentlichen Daten sowie das Bestreben, aus diesen Daten neues Wissen zu generieren

Bildung

Bildung entscheidet über das Bestehen in und die Weiterentwicklung der digitalen Gesellschaft. Sie beeinflusst, welche Potenziale Individuen, Unternehmen und die Gemeinschaft realisieren. Befähigte wenden digitale Hilfsmittel an, kennen Chancen und Gefahren der Digitalisierung, verstehen Lernen als Lebensphilosophie und bauen sich ein arbeitgeberunabhängiges Wissensmanagement auf. Das ermöglicht ihnen, auch damit umzugehen, dass SKILLSETS wichtiger werden als Berufe und Stellen, weil diese einer konstanten Veränderung unterliegen. Streben wir eine partizipative Gesellschaft an, gilt es, möglichst viele für das digitale Zeitalter zu befähigen. In den letzten Jahrzehnten ist die Schule als Ort der Sozialisierung, Erziehung und des Erlebens von Gemeinschaft wichtiger geworden. Jedoch bedroht die Ökonomisierung die integrative Funktion der Bildung – wenn sich nur Reiche elitäre Universitäten und die dazugehörigen Wege in die Teppichetagen leisten können.

Skillset: Das Bündel meiner Eigenschaften und Fähigkeiten, umfasst fachliche Kompetenzen, Selbst- und Sozialkompetenzen
Hypertext: Wissen, das via Links (im Internet) mit anderem Wissen verbunden ist

Wir brauchen die Fähigkeit zur Beschleunigung und Entschleunigung. Die dreifache Vernetzung etabliert zwei Lebensgeschwindigkeiten. Aus diesen folgen zwei unterschiedliche Wissensformen. Wissen 1 ist geprägt von schnelllebiger, stark vernetzter und häufig vermarkteter Information. Sämtliches Wissen ist HYPERTEXT. Es dient in erster Linie dem Aufbau eines individuellen Wissensnetzwerks. Damit ist letztlich das persönliche Weltverständnis gemeint, das sich aus einer Unzahl miteinander vernetzten Wissensbausteinen zusammensetzt. Ein Grossteil davon ist online verfügbar. Wir müssen lernen, wie wir zu diesem Wissen kommen und wie wir es bewerten, speichern und kombinieren. Die digitalen Möglichkeiten dafür ändern sich laufend. Im Gegensatz dazu zielt Wissen 2 darauf ab, unsere Persönlichkeit zu entfalten und uns in der Welt zu verankern. Es hat eine lange Gültigkeit und erträgt durch seine Komplexität Widersprüche. Um von beiden Wissenstypen zu profitierten, braucht es die Fähigkeit, zu entscheiden, wann welches Wissen gefragt ist.

Bildung befähigt uns, Maschinen zu nutzen, gleichzeitig fördert sie gerade jene Fähigkeiten, die uns von ihnen unterscheiden. Maschinen sind (noch) nicht kreativ, emotional und verspielt. Um sich weiterzuentwickeln, sind sie auf unsere Fragen und unser kritisches Denken angewiesen. Individualisierung und Ökonomisierung machen die Selbstkompetenz zur wichtigsten Fähigkeit der Zukunft. Dazu gehören neben Selbstständigkeit, Selbstmanagement, Wissensmanagement auch Selbstvertrauen, -reflexion und -inszenierung. Diese Fähigkeiten gehören bereits auf den Stundenplan ganz junger Kinder. Grundkompetenzen wie Lesen, Schreiben und Rechnen sind auch in der digitalen Gesellschaft von grosser Bedeutung, gerade weil Mängel sofort als Zeichen mangelnder Integration oder Intelligenz gedeutet werden. Um sich mitzuteilen, zu kooperieren und Beziehungen aufzubauen, braucht es soziale Kompetenz – auch im digitalen Raum. Programmieren ist das neue Latein. Die Sprache der Computer lehrt uns das logische, zielgerichtete und strukturierte Denken. Bereits Kinder sollten sie lernen.

Bildungsanbieter kranken an derselben Präsenzkultur wie Arbeitgeber. Die hybride Realität des Analogen und Digitalen verlangt unsere Anwesenheit in Bildungssituationen nur, wenn sie einen Mehrwert bietet. Gerade bei älteren Lernenden und Erwachsenen besteht dieser kaum in der frontalen Vermittlung von Fachwissen. Dieses kann man sich selbstständig zu Hause erarbeiten. Vielmehr sollte die Zeit vor Ort dazu dienen, zu diskutieren, Werturteile zu prüfen, seine Lernmethoden zu reflektieren oder gemeinsam Neues zu kreieren. Lern-Lehr-Arrangements gleichen damit CO-WORKING-UMGEBUNGEN. Lernende lassen sich durch Vorträge, Diskussionen und Workshops inspirieren. Genauso finden sie ein Umfeld vor, um konzentriert an ihren Projekten zu arbeiten, aber auch ihren Fantasien und ihrem Spieltrieb nachzugehen. Es ist kein Zufall, dass die Gründer von Facebook, Google und Amazon MONTESSORI-SCHULEN besucht haben. In offenen Lernumgebungen werden Lehrende zu Coaches, Moderatorinnen und Beratern.

Co-Working-Umgebung: Arbeitgeberunabhängige Arbeitsorte für Selbstständige, mobil Arbeitende und Mitarbeitende im Home-Office, die hier Infrastruktur und ein Netzwerk finden

Montessori-Schule: Von Maria Montessori im frühen 20. Jahrhundert entwickeltes alternatives Bildungskonzept, das mit offenem Unterricht und freiem Lernen die Arbeit am Selbst ins Zentrum stellt

Inkubatoren: Kreative Orte, die durch den Austausch unterschiedlicher Unternehmen in verschiedenen Reifegraden das Gedeihen von neuen Ideen fördern sollen

Bildung bereitet auf künftige gesellschaftliche Herausforderungen vor. Um die Probleme der Gesellschaft zu thematisieren, braucht es längere Lernsequenzen oder gar spezifische Master-Lehrgänge, zum Beispiel für das zukünftige Verkehrs- und Gesundheitssystem oder die Erhöhung unserer Recycling-Kompetenz. Bildungsinstitutionen sind INKUBATOREN für die zukünftige Gesellschaft. Der positive Umgang mit Diversität ist für die Lösung künftiger Herausforderungen erfolgskritisch. Eine diverse Gesellschaft verfügt im Vergleich zu einer nicht diversen über viel mehr Ideen und Lösungsansätze. Bildung sollte uns unsere Einzigartigkeit entdecken lassen, gleichzeitig aber das Verständnis für das Andere wecken. Wir sollten lehren, wie man Diversität in Arbeits-

und Lebensgemeinschaften nutzt. Weil Bildung ein lebenslanger Auftrag an das Individuum ist, sollten Bildungsausgaben steuerlich abzugsberechtigt sein, Weiterbildung und Studiengänge für Ältere gefördert werden.

Wirtschaftsförderung

Die Wirtschaft ist das mächtigste System der Gegenwart. Fast alle Bedürfnisse befriedigen wir durch Konsum. Ein Grossteil unserer Beziehungen hat einen ökonomischen Hintergrund. Konzerne und ihre zuliefernden Start-ups sind der wichtigste Hort der Innovation geworden. Sie alleine verfügen über die nötigen Budgets für Forschung und Entwicklung. Ihre gesellschaftliche Bedeutung wird auch durch die geleisteten Steuerbeiträge sichtbar. In ihrem Erfolg hat sich die Wirtschaft jedoch von der Gesellschaft entkoppelt. Wirtschaft findet oftmals alleine des Wirtschaftens wegen statt. Es werden Produkte fabriziert, die keinen gesellschaftlichen Nutzen erzielen und das Individuum sogar schädigen, aber das Wachstum aufrechterhalten. Um die Produktlebenszyklen kurz zu halten, werden wir zu Ersatzkäufen gezwungen. Es werden Verfallsdaten programmiert, an denen die Produkte den Geist aufgeben. Nichts zeigt die Entkoppelung deutlicher als die Finanzmärkte, deren Eigenlogik mit der Realwirtschaft nicht mehr viel zu tun hat.

Die neue Wirtschaftsordnung setzt noch mehr Markt voraus. In der digitalen Transformation ist die Wirtschaft weiter fortgeschritten als die Gesellschaft. Die Unternehmen machen ihre Hausaufgaben. Vor dem Hintergrund disruptiver Bedrohungen passen sie ihre Geschäftsmodelle, Prozesse und Arbeitswelten an. Die Politik reagiert mit Marktverboten auf den Vorsprung der Wirtschaft beziehungsweise den Rückstand der Gesellschaft. Der Ausschluss von Disruptoren wie Uber, AirBnB und FINTECHS mag die Betroffenen kurzfristig schützen. Langfristig verhindern die Verbote den Durchbruch von kundenpräferierten Lösungen, den Strukturwandel sowie die dafür nötigen Lernprozesse. Genauso schädlich sind GEOBLOCKER beim Streamen von Musik, Filmen oder Serien. Sie führen in erster Linie zur regen Nutzung illegaler Anbieter. Die Forderung nach noch mehr Markt gilt auch für die Arbeit. Konsequent zu Ende gedacht, erlässt der Staat weder Regeln für die Erfassung der Arbeit, noch besteuert er diese.

Fintechs: Start-ups im Bereich der Finanzdienstleistungen, die mittels Technologie die Bedürfnisse neu befriedigen und entsprechend traditionelle Banken unter Druck setzen
Geoblocker: Wenn Internetseiten und -angebote in einigen Ländern zugänglich sind und in anderen nicht, sie können in der Regel durch spezielle Programme (VPN) problemlos umgangen werden

Markteingriffe sind sinnvoll, wollen wir die Entstehung des Neuen fördern. Dieses Neue umfasst innovative Technologien, Produkte, Geschäftsmodelle und Arbeitswelten. Als rohstoffarmes Land sollten wir die künftige Volkswirtschaft voll auf die Digitalisierung inklusive deren Nebenwirkungen und deren Gegenbewegung ausrichten. Die drohenden Knappheiten verlangen eine intensive Forschung an neuen Materialien, Rohstoffen und Energiequellen. Dabei handelt es sich um wissens- und datenintensive Wertschöpfung, was wiederum auf die Bedeutung der Bildung verweist. Fördern können wir die Transformation der Wirtschaft und damit das Entstehen zukünftiger Arbeitsplätze auch, indem wir Start-ups unterstützen oder neue Staatsunternehmen gründen. Der Staat ist ein unverzichtbarer Investor für unsere Zukunft. Im Gegensatz zu Privaten verfügt er über riesige Budgets.

Seine Interessen decken sich mit jenen der Gemeinschaft, und er orientiert sich am langfristigen Gedeihen des wirtschaftlichen Ökosystems. Wirtschaftsförderung heisst schliesslich, Frauen noch mehr zu fördern – auch weil ihre Fähigkeiten in der neuen Wirtschaft der Netzwerke besonders zum Tragen kommen.

Ein neues Wirtschaftssystem braucht keinen Patentschutz. Damit die Wirtschaft der Ideen und Emotionen gedeiht, braucht es mehr als Gesetze und Markteingriffe. Gefordert ist eine neue Logik des Wirtschaftens. Aus Sicht der Gesellschaft macht es keinen Sinn, Unternehmen zu erlauben, ihr Wissen mit Patenten zu schützen. Vielmehr brauchen wir eine OPEN-SOURCE-Wirtschaft, in der Wissen, Ideen und Daten frei zur Verfügung stehen. Offensichtlich würde die Entwicklung von Medikamenten, Software oder Vorlagen im 3D-Druck von dieser Transparenz profitieren. Die Forderung nach Open Source gilt ebenso für die eingesetzten Maschinen. Das Entzaubern der ALGORITHMEN ist eine zentrale Forderung der Offliner. Sie wollen wissen, wie Suchergebnisse, Partnervorschläge oder Preise zustande kommen. Die Transparenz der Algorithmen fördert die Innovation und erlaubt uns, die Streams auf Tinder, Google, Facebook, Amazon und Co. selber zu konzipieren und uns so vom Einfluss der Digitalisierungstreiber zu emanzipieren.

Open Source: Aus der Software-Entwicklung stammendes Prinzip, das den freien Zugriff aller Nutzer und Programmierer auf die Codes der entstehenden Software garantiert, also die Produktpläne und Unternehmensgeheimnisse offenlegt

Algorithmus: Unsichtbarer Wissensroboter, löst als Software Probleme in der Form von wenn A, dann B

Auch die Förderung der Sharing-Economy verändert unser Wirtschaftssystem. In der Wirtschaft des Teilens wird der temporäre Zugang wichtiger als Besitz. Situative Mobilitätsangebote ersetzen das Auto in der Garage. Wir mieten Ski, statt diese zu kaufen. Genauso sind Sharing-Economy-Konzepte für Anwendungen der künstlichen Intelligenz denkbar, um einer breiten Bevölkerung Zugang zu diesem Wissen der nächsten Generation zu verschaffen. Sharing-Economy heisst, die Mitarbeitenden und Kunden über die Verwendung der Gewinne bestimmen zu lassen. Auch die steuerliche Entlastung von Genossenschaften leistet einen Beitrag zur Transformation der Wirtschaft. Soll sich das Wirtschaftssystem grundlegend ändern, braucht es alternative Währungen, um die einseitige Maximierungslogik des Geldes zu brechen. Für die Verwaltung unserer Zeit, unserer Daten oder des ökologischen Fussabdrucks fehlen Instanzen. Es wäre nicht das erste Mal, dass der Staat als Verwalter neuer Währungen vorangeht. Weil die Interessen des Kollektivs im Vordergrund stehen, eignet er sich dafür besonders gut.

Sozialversicherungen

Sozialversicherungen versichern uns gegen Armut, Unfall und Alter. Durch den Sozialstaat investieren wir in den Zusammenhalt unserer Gemeinschaft. Er garantiert finanzielle Solidarität, ein Minimum an Wohlstand und sozialer Integration sowie eine allgemeine Versicherung gegen Schicksalsschläge. Die meisten von uns werden im Alter dankbar für das Gesparte sein. Jeder von uns könnte an Bedeutung verlieren und einst auf Hilfe angewiesen sein. Soziale Unruhen durch einen Aufstand der Ausgeschlossenen bedrohen uns alle. Trotz unseren Errungenschaften lässt sich an den Sozialversicherungen vielleicht am besten erkennen, dass wir mit einem alten System operieren. Der offensichtlichste Fehler findet sich in veralteten Berechnungen. So leben wir mit einer AHV, deren Hochrechnungen auf das Jahr 1948 zurückgehen. Weder die

Politik noch wir Bürgerinnen und Bürger waren mutig genug, die nötigen Anpassungen vorzunehmen.

Die Berechnungen der AHV nehmen weder auf die gestiegene Lebenserwartung noch auf die neue Arbeitswelt Rücksicht. Trotz Migration und Babyboom drängt sich eine Änderung der Berechnungsgrundlage auf. Gemäss Weltbank hat sich unsere Lebenserwartung zwischen 1960 und 2013 um elf Jahre erhöht. Diese Zunahme lässt auf ein Rentenalter von 76 schliessen. Unsere Sozialversicherungen entsprechen zudem nicht dem Wunsch vieler, sich frühpensionieren zu lassen. Offenbar haben wir keine Arbeitswelt, die ein Arbeiten bis 65, geschweige denn 76 möglich und lustvoll erscheinen lässt. Verlangt ist eine SMARTE ARBEITSWELT, sollen wir in Zukunft länger arbeiten. Wesentliche Bausteine einer längeren Lebensarbeitszeit sind genügend Ferien und Freizeit sowie Teilzeitarbeit. Sie erlaubt es, unsere Energie besser zu konservieren. Andere Elemente energieerhaltender Arbeitsumgebungen sind die Sinnhaftigkeit der Arbeit, Familientauglichkeit, Wertschätzung sowie die Möglichkeit der Partizipation.

Smarte Arbeitswelt: Work Smart ist eine Initiative Schweizer Arbeitgeber, die unter anderem mittels stärkerer Nutzung des Home-Office Mitarbeitermotivation und Produktivität sowie Verkehrssysteme entlasten will

Die Sozialversicherungen orientieren sich an Defiziten. Für die digitale Gesellschaft wäre ein Paradigmenwechsel noch besser als neue Berechnungen. Im gegenwärtigen System erhalten wir von der Gemeinschaft Geld, wenn es uns nicht gut geht, wir verunfallen, nicht mehr genügend performen oder ein Arbeitgeber keine Verwendung mehr für uns findet. Sinnvoller wäre ein Förderansatz – um den Bezug von Sozialversicherungen zu entstigmatisieren und den Fokus auf unsere Stärken statt Schwächen zu legen.

Das verlangt ein neues Menschenbild: Wir trauen es dem Individuum zu, für sich selber zu sorgen – und, wirtschaftlich gesprochen, am richtigen Ort zu investieren. Auch viele Beobachterinnen, die daran zweifeln, dass es in Zukunft für alle Arbeit geben wird, fordern eine Entkoppelung von Arbeit und Sozialversicherungen. Das Grundeinkommen ist zudem eine Notwendigkeit, um den Konsum aufrechtzuerhalten. Maschinen gehen nicht in die Ferien und brauchen keine neuen Kleider.

Die Auszahlung eines Grundeinkommens wirkt befreiend. Ein mögliches neues Paradigma für die zukünftigen Sozialversicherungen ist das Grundeinkommen. Unser künftiger Wohlstand hängt im Wesentlichen von unserer Fähigkeit ab, neue Ideen und damit technologische, soziale und wirtschaftliche Innovation zu generieren. Dazu braucht es ein inspirierendes Umfeld, das auch unser persönliches Energiemanagement unterstützt. Hilfreich sind der Zugang zur Natur, zu Fitness und Wellnessangeboten, gute Luft und Ernährung. Bei der Ausbezahlung eines Grundeinkommens würden wir nur noch jene Arbeit erledigen, die wir für sinnvoll und nötig hielten. Unternehmen wären aufgefordert, als Arbeitgeber attraktiver zu werden und ihre Mitarbeitenden besser zu behandeln. Freie Zeit würden wir in unsere Weiterbildung, kreative Entfaltung und den Müssiggang investieren. Durch die neue Betrachtung der Arbeit würde auch die Nichterwerbsarbeit aufgewertet.

Neue Sozialversicherungen bedingen neue Finanzierungs-, Verwaltungs- und Rentenmodelle. Arbeit ist für viele zentral für die Identitäts- und Sinnfindung, aber schafft auch ein wichtiges soziales Umfeld. Das Grundeinkommen provoziert deshalb kaum einen allgemeinen Rückzug aus der Erwerbsarbeit. Vielmehr ist eine gleichmässigere Verteilung der Arbeit zu erwarten. Über Einkommen, Vermögen und Konsum fallen also auch in Zukunft Erträge für die Gemeinschaft an. Zudem sparen wir, weil das Grundeinkommen die gesamte heutige Verwaltung der Sozialversicherungen überflüssig macht. Um zusätzlich zu sparen, wäre ein zeitbasiertes Rentensystem möglich. Man könnte alternativ durch die Pflege alter Menschen Zeit sparen, die man später im Alter wiederum beziehen kann. Schliesslich muss man sich die Frage stellen, wie sehr unsere Zufriedenheit mit dem Wirtschaftswachstum korreliert. Nichtsdestotrotz ist das Grundeinkommen eine finanzielle Belastung, die wohl die Erhebung von neuen Steuern nötig macht.

Gemeinschaftsdienst

Ein Gemeinschaftsdienst hilft, die Bedürfnisse der Gesellschaft zu befriedigen. Bei diesem gesellschaftlichen «Ämtli»-System beteiligen wir uns alle an den Aufgaben, die bei der Pflege, Förderung und Weiterentwicklung einer Gemeinschaft anfallen. Insbesondere teilen wir uns die Arbeit auf, die der Arbeitsmarkt nicht abdecken kann. Sie umfasst die Befriedigung von Bedürfnissen, die für die Unternehmen keinen Profit abwirft oder die sich in einer totalen Marktwirtschaft nicht alle finanziell leisten können. Es geht etwa um die Fürsorge alter Menschen, die Unterstützung von Lehrpersonen, den Lawinenschutz, die Pflege von Parkanlagen, die Reinigung von Zügen oder die Befähigung Benachteiligter im digitalen Zeitalter. Diese Gemeinschaftsarbeit stillt unsere Bedürfnisse in den Bereichen Sicherheit, Kultur, Landwirtschaft, Pflege des öffentlichen Raums und Fürsorge für die Schwachen. In sozialen und ökologischen Krisensituationen entsteht zusätzlicher Bedarf an Gemeinschaftsarbeit.

Die Fokussierung auf das Militär reduziert die Bedürfnisse der Gesellschaft auf ein Sicherheitsbedürfnis. Diesen einen Gemeinschaftsdienst gibt es schon lange. Aber er ist nur für Männer im jugendlichen Alter obligatorisch. Der Zugang zur Alternative Zivildienst ist umständlich und wird von der Armee schlechtgemacht. In der Beurteilung der Bedrohungslage scheint man sich noch stark an der Vergangenheit zu orientieren. Auch nach vielen Reformen und noch mehr Diskussionen fürchtet sich die Armeeführung vor Panzern und Flugzeugen, welche die Schweiz einnehmen. Realistischere Bedrohungen durch eine Destabilisierung der Politik und Wirtschaft, das Ausspionieren unserer wertvollsten Konzerne oder der analogen und digitalen Infrastruktur spielen zumindest in der öffentlichen Diskussion eine untergeordnete Rolle. Auch wenn die geopolitische Lage zurzeit sehr unfreundlich erscheint, sind wohl die Gefahren durch Terror und Cyberwar viel gewichtiger als eine Invasion feindlicher Panzer und Flugzeuge.

Die Auseinandersetzungen der Zukunft finden im digitalen Raum statt. Um den analogen Raum zu beherrschen, kommen internetgesteuerte Drohnen und Roboter, aber auch Cyborgs mit Prothesen und künstlichen Sinnen zum Einsatz. Im Internet befinden sich sämtliche Kontrollzentren und die Logistik der digitalen Gesellschaft. Energie, Geld und Daten fliessen über digitale Kanäle, die es entsprechend zu sichern gilt. Terroristen und Kriegsführerinnen werden sich nicht scheuen, Internetkabel am Meeresgrund oder Pipelines zu unterbrechen, Satelliten abzuschiessen und Nationalbanken in digitale Geiselhaft zu nehmen. Cyberverteidigung umfasst die Fähigkeit einer Gemeinschaft, ihre digitale Infrastruktur auch unter widrigsten Bedingungen aufrechtzuerhalten. Gefahr droht weiter durch weiche Kriegsführung. Diese zielt auf die Beeinflussung unserer Werte, Meinungen, Emotionen durch die Manipulation unserer Streams ab. Der Krieg der Zukunft ist ein Wirtschafts-, Daten- und Wertekrieg. Diese neuen Gefahren verlangen hochprofessionelle Einsatzkräfte und Forschungszentren, keinen Milizdienst.

Im Unterschied zur technologieorientierten Wirtschaft zielt der Gemeinschaftsdienst auf gesellschaftliche Innovation ab. Die Wirtschaft ist in den letzten Jahren sehr erfolgreich darin gewesen, den technologischen Fortschritt vorwärtszutreiben. Weniger gut ist die Wirtschaft darin, Innovationen auf der Ebene der Gesellschaft zu generieren. Damit sind neue Möglichkeiten gemeint, um die Bedürfnisse des Kollektivs zu befriedigen, zum Beispiel in Bezug auf Sicherheit, Solidarität, Zusammenhalt, Zuversicht, Vertrauen, Meinungsbildung, Vorsorge, Umweltschutz oder Veränderungsfähigkeit. Zudem geht es um die Verbesserung der Lernfähigkeit von Individuum und Kollektiv. Natürlich bietet der Markt bezahlbare Lösungen für das Individuum. Gefragt sind aber zusätzlich Lösungen, um diese Bedürfnisse ohne Geld zu befriedigen. Damit der Gemeinschaftsdienst diese Innovation hervorbringen kann, sollten wir uns gemäss unseren Fähigkeiten und Leidenschaften einbringen können.

Der Gemeinschaftsdienst fördert Solidarität und Integration. Gefühle von Isolation, Abwertung, Einsamkeit und Erniedrigung bedrohen eine Gesellschaft. Alarmierend wird die Situation, wenn die Hoffnung auf eine bessere Zukunft verlorengeht. Irgendwann bleibt nur das Mittel der Gewalt übrig, um auf seine Anliegen aufmerksam zu machen. Wenn wir Minderheiten aus Wirtschaft und Gesellschaft drängen, erhöht sich die Wahrscheinlichkeit von destruktivem Widerstand, der auf eine Destabilisierung oder gar Neuordnung abzielt. Für den Ausschluss können Geschlecht, Alter,

Religion, Herkunft, Sexualität oder auch fehlende digitale Fähigkeiten verantwortlich sein. Die Digitalisierung und ihre Algorithmen fördern unauffällige Wege der Diskriminierung. Schnellere Einbürgerungen sorgen dafür, dass sich Migranten schneller integriert fühlen, politische Verantwortung übernehmen und zum Gemeinschaftsdienst verpflichtet werden. Für die Integration braucht es Nachhilfeunterricht in den Landessprachen und gemeinschaftliche Aktivitäten.

Umweltintelligenz

Die Erneuerung der digitalen Aura ist ressourcen- und energieintensiv. Im Zweijahresrhythmus kaufen wir neue Smartphones, Tablets, Laptops und deren Nachfolger und Erweiterungen unserer digitalen Aura. Kurzfristig ist die Erneuerung nötig, um als aufgeschlossen zu gelten. Langfristig sind die Investitionen in die Erneuerung der Aura unausweichlich, will man an der digitalen Gesellschaft teilhaben. Ohne digitales Profil wird man keinen Job mehr finden und keine ärztliche Behandlung erhalten. Der Energiebedarf nimmt auch zu, weil wir unseren Aktionsradius ausweiten. Im Internet entdecken wir zahlreiche Aktivitäten und Menschen, die sich ausserhalb unseres Quartiers befinden. Schliesslich werden die emporstrebenden Mittelschichten in China und Indien, später einmal in Afrika und dem Nahen Osten denselben digitalen Reifegrad wie wir erreichen wollen. Auch wenn die Geräte kleiner und energieeffizienter werden, dürfte unter dem Strich ein höherer Bedarf an Energie und Rohstoffen resultieren.

Bisher basiert Umweltintelligenz auf gutem Willen und Verzicht. Wer regelmässig nach Amerika fliegt, das Licht brennen oder das Wasser laufen lässt, wer mehr im Internet bestellt und damit höhere Verpackungs- und Transportkosten verursacht, wird nicht bestraft. Es stellt sich die Frage, ob es für eine tatsächliche Verbesserung nicht weitergehende Initiativen braucht. Mit einer Ökowährung könnten wir unseren ökologischen Fussabdruck messen. Wie bei den Fitnessanwendungen des QUANTIFIED SELF führt alleine das Messen zu freiwilligen Verhaltensänderungen. Wer mit dem Auto zur Arbeit fährt, erhält einen grösseren Abzug als der Fahrradfahrer. Denkbar wären gemäss Verursacherprinzip auch Bussen für jene, welche die Umwelt besonders belasten. Die Sorge vor Transparenz ist nur halb zulässig – bieten wir doch mit unseren EC-Karten genau dieselbe Einsicht in unser Verhalten. Die absehbare Abschaffung des Bargeldes wird diesen Zustand definitiv herbeiführen.

Quantified Self: Bewegung, die darauf abzielt, mittels der Vermessung beziehungsweise des Sammelns von Daten die Selbstreflexion anzuregen und damit Verbesserungen auszulösen

Grüne Tatze (bald Re-Circle): Mehrwegsystem für Take-away-Essen, Essen wird in Bring-Back-Box angeboten, die dann bei entsprechenden Anbieter zurückgegeben werden kann

Standardisierung verbessert unsere Ökobilanz. Es ist ökologisch unsinnig, alle Lebensmittel einzeln zu verpacken, zumal die Verpackung meist nur einige Minuten benötigt wird – sowohl im Supermarkt als auch bei der Verpflegung unterwegs. Abhilfe schaffen die Berner Mehrwegsysteme auf dem Gurtenfestival oder die Verpflegungsbox GRÜNE TATZE. Auch im Versand könnte Standardisierung helfen, den Abfall zu reduzieren. Dazu bräuchte es statt Karton Boxen, welche die Logistiker wieder abholen. Am besten wären kompostierbare Materialien. Standardisierung ist am wirkungsvollsten, wenn sich viele Anbieter zusammenschliessen und auf eigene Lösungen verzichten. Fehlende Standardisierung kennen wir von unterschiedlichen Kabeln und Anschlüssen bei Smartphones, Tablets und Co. Aus betriebs- und volkswirtschaftlicher Optik mögen die Alleingänge sinnvoll sein, ökologisch sind sie absurd.

Recycling schafft weitere Potenziale, um unsere Umweltintelligenz zu erhöhen. Wer Abfall sortieren, aufbereiten oder wiederverwenden kann, gehört im Kontext knapper Ressourcen zu den Gewinnern. Das gilt umso mehr, je knapper die Rohstoffe und umstrittener und teurer die Energie wird. Die Verbesserung des Recyclings setzt mehr Wissen darüber voraus, welche Ressourcen wo verbraucht, nicht mehr benötigt und entsorgt werden. Ziel ist die CIRCULAR ECONOMY. In dieser werden Güter länger sowie intensiver genutzt und Abfälle vermieden. Produkte, die für eine Kundengruppe nicht mehr genügen, stiften für andere einen hohen Nutzen. Nicht alle haben denselben Verschleiss an Geräten, nicht alle setzen dieselben Prioritäten, und nicht alle haben dieselben Budgets. Ungenutztes sollte gemäss Sharing-Economy statt gelagert geteilt werden. Das reduziert die Anzahl produzierter Gebrauchsgüter wie Autos, Schaufeln und Mixer. Auffallend: Sowohl eine Ökowährung als auch das Recycling, die Sharing-Economy und die Kreislaufwirtschaft setzen mehr Digitalisierung voraus.

Circular Economy: Wirtschaftskonzept, in dem keine Abfälle entstehen beziehungsweise diese gerade wieder als neue Ressourcen verstanden werden
Smart Grid: Feinmaschiges Netz, das den dezentral produzierten Strom intelligent speichert und verteilt

Dezentralisierung macht die Energieerzeugung, -verteilung und -verwendung effizienter. Unser Energiemanagement beruht auf einem veralteten Cloud-Prinzip, bei dem Energie zentral in einem Kraftwerk produziert und gespeichert wird. Intelligenter wäre es, Energie durch uns alle dezentral zu erzeugen, zu verteilen und zu speichern. Durch SMART GRIDS wird statt der Energie selbst das verteilende Netz zentral von der Gemeinschaft zur Verfügung gestellt. Es ist dasselbe Prinzip wie bei der Informationsproduktion in den sozialen Medien. Zu Energieproduzenten werden wir nicht nur durch Sonnenkollektoren auf unseren Dächern. Die Forschung sieht zum Beispiel auch die Energieproduktion durch das Gehen auf stromproduzierenden Trottoirs vor. Auch in der Landwirtschaft oder in der Industrie gibt es neue Möglichkeiten, um durch Digitalisierung und Dezentralisierung Energie zu sparen. Die Produktion von Lebensmitteln auf dem Dach (Urban und Vertical Farming) oder kleinen Gütern des Alltags im Quartier (3D-Drucker) spart Transport- und Lagerkosten.

Urban und Vertical Farming: Landwirtschaft in Gärten und auf Hausdächern beziehungsweise vertikal entlang der Fassaden von (Hoch-)Häusern

3D-Drucker: Drucker, die Plastik, aber auch Metall dreidimensional drucken können, ermöglichen die Dezentralisierung der Industrie wie auch die Herstellung von bisher undenkbaren Formen

Steuern

Steuern finanzieren die Ausgaben und Investitionen einer Gemeinschaft. Mit unseren Steuern entschädigen wir die Gemeinschaft für die Nutzung der Infrastruktur und die Verwaltung, die genossene Bildung, die politische Stabilität und die Wirtschaftsförderung. Die digitale Transformation verlangt hohe Investitionen für die Weiterentwicklung der digitalen Infrastruktur, die Bildung und Forschung sowie die Erneuerung der Sozialversicherungen und der Verwaltung. Kein Update ist gratis. Aber es handelt sich um Investitionen, die langfristig sowohl die Wirtschaft als auch die Gesellschaft stärken. Wie bei einer WG zahlen alle Mitglieder der Gemeinschaft wiederkehrend einen Betrag in die Kasse ein. Wer die Infrastruktur und die öffentlichen Güter mehr belastet, soll die Gemeinschaft auch mehr entschädigen. Das gilt sowohl für Privatpersonen wie auch für Unternehmen. Offen bleibt, wie die Nutzung der Güter der Gemeinschaft und die Zahlungskräftigkeit gemessen werden.

Das heutige Steuersystem hat Probleme bei der Erhebung und bei der Verwendung. Erstens verzichten wir weitgehend darauf, mit Steuern jenes Verhalten zu bestrafen, das uns als Gesellschaft schadet. In einem geldgeprägten System lässt sich Geld jedoch bestens einsetzen, um die gewünschten Updates zu beschleunigen. Störend im Sinne des Updates sind die ökologische Belastung, die fehlenden Sozialabgaben auf Maschinen sowie die fehlende Besteuerung des Kapitals. Die fehlenden Eingriffe setzen der Zerstörung der Umwelt, der stetigen Polarisierung von Arm und Reich und der Entstehung von Monopolen nichts entgegen. Zweitens haben wir als Zahlende zu wenig Einfluss darauf, wie unser Geld ausgegeben wird. Im Vergleich der WG würde das heissen, dass der Vermieter bestimmt, wie wir als Gemeinschaft unser Geld verwenden. Wenn wir schon zahlen, sollten wir auch mitentscheiden, was wir finanzieren.

Unsere Steuerpraxis bestraft ökonomische Tüchtigkeit, wogegen der Entzug von Geld aus dem ökonomischen Kreislauf belohnt wird. Das heutige Steuersystem zielt viel stärker auf die Besteuerung der Einkommen als der Vermögen ab. Unternehmen zahlen auf Bundesebene keine Kapitalsteuer, auf Kantonsebene findet ein RACE TO THE BOTTOM statt. Auch die Vermögenssteuer für Private ist tief. Eine Million wird in der Stadt Zürich mit 1900 Franken besteuert. So setzt sich in den Privathaushalten über

Race to the bottom: Steuerwettbewerb, der zu einer immer geringeren Steuerbelastung führt

Generationen Kapital fest, auf der Unternehmensebene wird weder Kapital- noch Machtakkumulation verhindert. Ein möglicher Ausweg wäre die tiefere Besteuerung der Einkommen und Gewinne in Kombination mit einer massiven Erhöhung der Steuerlast auf Vermögen und Kapital. Individuen und Unternehmen wären angehalten, das erarbeitete Geld wieder dem wirtschaftlichen Kreislauf zuzufügen. Das zwingt Unternehmen zu einer höheren Anpassungsfähigkeit. Mit der Einführung der schon lange diskutierten TOBIN TAX auf Finanztransaktionen würde die Gemeinschaft von den Exzessen in der Finanzindustrie profitieren und gleichzeitig das kurzfristige Anlegen bestrafen.

Tobin Tax: 1972 von James Tobin vorgeschlagene Steuer auf Finanztransaktionen

Steuern auf dem ökologischen Fussabdruck wirken der Polarisierung und der Belastung der Umwelt entgegen. Es entstehen neue Einnahmequellen für die Gemeinschaft. Individuen und Unternehmen, die dem Planeten viel Energie und viele Rohstoffe entnehmen, sollten die Gesellschaft dafür entschädigen. Das gilt insbesondere für Unternehmen, die eine grosse Anzahl an Maschinen einsetzen. Diese belasten nicht nur die Umwelt, sie entziehen uns auch Beiträge für die Sozialversicherungen. Roboter müssen weder Sozialabgaben noch Einkommenssteuern zahlen. Zudem konsumieren sie nicht und zahlen auch keine Mehrwertsteuer. Eine Ökosteuer würde uns ein ökologischeres Verhalten nahelegen. Als Berechnungsgrundlage der Ökosteuer könnte der digital erfasste ökologische Fussabdruck dienen. Alternativ könnten wir Abfall oder Konsum stärker besteuern, also die Mehrwertsteuer erhöhen oder auf umfangreichen Abfällen und hohen Beträgen progressiv gestalten.

Digitale Hilfsmittel beteiligen uns an der Verwaltung unserer Steuergelder. Die Digitalisierung des Steuerwesens beginnt beim automatischen Abzug der Steuern bei Lohnauszahlungen und auf Bankkonten. Die heutige Praxis der Selbstdeklaration fördert den Betrug und führt zu wertloser Verwaltungsarbeit beim Ausfüllen und Kontrollieren der Steuererklärungen. In Schweden ist die Sache in fünf Minuten erledigt. Daten werden in der Cloud gespeichert, das Berechnungssystem kennt keine Abzüge. Weitergehend wäre die Einführung von E-Budget-Plattformen. Auf diesen bestimmen wir als Gemeinschaft, wie wir das uns zur Verfügung stehende Geld ausgeben. Dabei stimmen wir entweder vorbereiteten Budgets zu oder stellen diese selber zusammen (analog den heutigen Wahlzetteln). Ein solcher Budgetprozess wäre nicht nur transparent, er hätte durch die Partizipation der Bevölkerung auch einen grösseren Rückhalt. Um SCHWARMDUMMHEIT zu vermeiden, müsste man die maximalen, prozentualen, jährlichen Änderungen des Budget festlegen.

Schwarmdummheit: Tatsache, dass sich ein Schwarm nicht zwingend intelligent verhält, zum Beispiel wenn die Dümmsten viel Macht haben oder deren Meinung besonders verführerisch präsentiert wird

Religion

Religion dient der metaphysischen Deutung des Lebens. Für viele ist diese Einordnung im Kosmos unverzichtbar. Sie finden dadurch Gehör, Kraft, Orientierung, Trost und Gnade. Die Metaphysik stellt sowohl das Schicksal einer Gemeinschaft als auch des Individuums in einen grösseren Zusammenhang. Gott ist immer da, wenn wir uns jemandem anvertrauen wollen. Im Christentum hat er die Autorität, unsere Sünden zu vergeben, und verspricht ein

Leben nach dem Tod. An ihn zu glauben, verleiht Stabilität und Orientierung – auch weil der Glaube Verhaltensregeln für den Alltag vorgibt. Schicksalsschläge können wir in der Weisheit Gottes verorten, das bessere Leben nach dem Tod erwarten. Im Glauben formen sich Gemeinschaften. Man teilt seine Hoffnungen und Ängste. Aus dem gemeinsamen Glauben entstehen Freundschaften, die in den Alltag übergehen.

Religion hält Gemeinschaften zusammen und grenzt diese von anderen ab. Religion geht weit über die persönliche Beziehung zu Gott hinaus. Sie ist das weltliche Abbild der Gottesbeziehungen. In ihrem Glauben sind die wenigsten frei oder gar emanzipiert. Sie lassen sich von Führern leiten, was und wie sie glauben. Mächtige setzen die Religion ein, um unsere Gefühle, Ängste, Zukunftsvisionen und Weltbilder zu beeinflussen. Häufig verfolgen die Religionsdesigner persönliche Interessen und geopolitische Ziele. Religion ist damit das älteste Instrument des SOCIAL ENGINEERINGS. Positiv betrachtet, werden Werte vermittelt, Mitgefühl, Nächstenliebe und sozialer Zusammenhalt gestärkt. Im Zentrum der Religion muss nicht zwingend eine Heiligkeit stehen. Auch die Digitalisierung installiert Weltbilder, schliesst Menschen ein und aus, prägt unser Verhalten und eröffnet neue Denkweisen des ewigen Lebens.

Social Engineering: Techniken, um die Gesellschaft, deren Stimmung, Ängste, Visionen und ihre Struktur zu beeinflussen

Den positiven Effekten des Glaubens stehen kaum lösbare Probleme gegenüber. Problematisch ist zunächst das undemokratische Design der Religion. Eine kleine und meist intransparente Elite gibt vor, wie man zu leben hat und wie die Kirche für die Verwaltung der Religion organisiert wird. Eine westliche Kirche, die Verhütung, Homosexualität und die Gleichstellung der Frau in der

Kirche missachtet, widerspricht dem Zeitgeist. Religion soll uns angeblich helfen, uns gegenseitig zu lieben, hilfsbereit und solidarisch zu sein. Durch die Instrumentalisierung der Religion für irdische Zwecke passiert das Gegenteil. Falschgläubige werden identifiziert, als Sünder gebrandmarkt, gemobbt und ausgeschlossen. Menschen mit unterschiedlichen Religionen werden gegeneinander aufgehetzt, im Namen der Religion werden Kriege und Terroranschläge verübt. Diese Konflikte werden Teil der Geschichte einer Gemeinschaft und werfen weite Schatten in die Zukunft.

Wir erleben Religionskriege, obwohl wir glauben, in einer säkularisierten Welt zu leben. Unsere Säkularisierung geht nicht so weit, Geopolitik und Religion zu unterscheiden, uns von religiös geprägten Feindbildern anstecken zu lassen oder das Social Engineering der Digitalsierungstreiber zu erkennen. Im Namen der Religion werden Menschen diskriminiert, Überwachungsprogramme und Kriege begründet. Überall wird Diversität gepredigt, trotzdem misslingt es uns, die Unterschiedlichkeit der Kulturen im Sinne einer intelligenten Crowd zu nutzen. Wie einst die Juden stehen die Muslime seit dem 11. September 2001 unter Generalverdacht. Das Misstrauen lähmt uns, hindert uns, die eigentlichen Probleme einer digitalen Gesellschaft zu lösen. Der Aufstand des IS kann auch als Reaktion auf die einseitige Hyperdigitalisierung des Westens und eine damit einhergehende autoritäre Definition des guten Lebens durch die Digitalisierungstreiber gelesen werden. Die Digitalisierung ist nicht nur eine geopolitische Strategie, wohl möglich ist sie Kern einer neuen ideologischen Metaphysik. Das aber macht die digitale Gesellschaft zu einer Art digitalem KALIFAT.

Kalifat: Regierungsform, bei der weltliche und geistliche Macht unter der Herrschaft eines Kalifen, also eines Stellvertreter Gottes, zusammenkommen

Religion ist der älteste Baustein des Betriebssystems und deshalb am schwierigsten umzuprogrammieren. Problematisch ist nicht die Religion, sondern sind deren Propheten, die Glauben und Macht koppeln. Der Planet bräuchte eine suprareligiöse Reformation. In einem globalen Kontext ist die Gleichzeitigkeit von mehreren Göttern, welche die Welt erschaffen haben und über uns wachen, wenig einleuchtend. Durch das Internet sind wir eine Gemeinschaft geworden. In dieser hat es aber ganz im Sinne der Diversität Platz für unterschiedliche Formen des Glaubens. Ein friedliches Miteinander setzt voraus, dass wir uns auf ein Minimum geteilter Werte einigen und die religiösen Praktiken der anderen akzeptieren. Doch eine suprareligiöse Reformation würde neue Propheten bedingen. Um der Verführung der Propheten nicht zu erliegen, muss Bildung die Vielfalt der Religionen thematisieren, über deren Chancen und Gefahren aufklären sowie die Auseinandersetzung mit verschiedenen Weltbildern fördern. Alle sollen ihre Religion selber wählen können. Bildung ist folglich ein zentraler Eckpfeiler jeglicher Entwicklungshilfe.

Verantwortung

Wir brauchen ein Betriebssystem, das unser volles Vertrauen geniesst. Doch die Politik, der Staat, seine Behörden und Institutionen haben ein Imageproblem. Gemäss SORGENBAROMETER 2015 vertrauen nur 57 Prozent dem Nationalrat, 49 Prozent der staatlichen Verwaltung und 46 Prozent den politischen Parteien. Dieses Misstrauen ist merkwürdig, leben wir doch in einem der wohlhabendsten Länder der Welt mit einer hervorragenden Infrastruktur. So viel haben wir nicht falsch gemacht. Und doch brauchen wir, um das gesellschaftliche Betriebssystem zu erneuern, ein viel positiveres Image des Staates und ein neues Selbstverständnis als Kollektiv. Es sollte genauso sexy und herausfordernd sein, seine Fähigkeiten der Gemeinschaft zur Verfügung zu stellen, wie bei Google oder einem angesagten Start-up zu arbeiten. In den nächsten Jahrzehnten steht uns keine geringere Aufgabe bevor, als den Staat wieder zu beleben und neu zu erfinden. Durch die Digitalisierung wandeln wir uns als Gemeinschaft zu einem selbstorganisierten Netzwerk. Dabei sind wir auf Politikerinnen und Politiker angewiesen, die den Geist des Aufbruchs verkörpern. Es könnte sinnvoll sein, die Amtsdauer sämtlicher politischer Ämter auf acht Jahre zu beschränken. So können sich Politiker auch nicht zu stark von der Bevölkerung entkoppeln.

Sorgenbarometer: Jährliche Befragung der Schweizer Bevölkerung, um deren grösste Sorgen zu identifizieren

Um die Nebenwirkungen der digitalen Transformation zu beheben, braucht es paradoxerweise noch mehr Digitalisierung. Die Verstärkung der Digitalisierung beginnt bei Investitionen in die Infrastruktur. Wir brauchen eine noch bessere Logistik von Menschen, Daten und Gütern. Konkret steht vor allem ein Ausbau des Schienennetzes und eine kontinuierliche Verbesserung der Internetversorgung an. Für die Nutzung des Internets der Dinge, die Anwendungen der AUGMENTED REALITY und der Drohnen braucht es neue Standards. Eine weitergehende Digitalisierung hilft uns, effizienter und intelligenter mit natürlichen Ressourcen umzugehen – sei es durch den Verzicht auf Papier, sei es durch die Stärkung der Sharing-Economy, durch URBAN MINING, Smart Grids, das Schliessen von Stoffkreisläufen, die Erfassung unseres ökologischen Fussabdrucks oder die Nutzung von DIGITALEN ASSISTENTEN. Die erfolgreiche digitale Transformation verlangt ein Bildungssystem, das die technischen Möglichkeiten nutzt sowie alle Mitglieder einer Gemeinschaft zur digitalen Gesellschaft und zum Umgang mit Diversität befähigt. An die Stelle von Vermittlung tritt Erkundung, an die Stelle von Lehrplänen treten persönliche Entwicklungspläne. Die Erneuerung der pädagogischen Hochschulen spielt bei der Reform der Bildung eine zentrale Rolle.

Augmented Reality: Erweiterte Realität, die den Zugang auf weitergehende Informationen und Unterhaltungsangebote ermöglicht, führt vermehrt zu künstlichen Realitäten sowie zur Vermischung von analoger und digitaler Realität
Urban Mining: Wenn die Abfälle in Städten zu Rohstoffminen werden
Digitale Assistenten: Software-Assistenten, die durch die Zurverfügungstellung von Kontextinformationen den Alltag erleichtern
Digital Divide: Drohende Spaltung der Gesellschaft entlang der Nutzungskompetenz von und dem Zugang zu neuen Technologien

Eine erfolgreiche digitale Transformation setzt deren Verankerung in der politischen Agenda voraus. Die wichtigsten gesellschaftlichen Folgewirkungen der Digitalisierung sind die Verstärkung materieller und immaterieller Knappheiten, der DIGITAL DIVIDE und mit ihm die Polarisierung im Arbeitsmarkt, der Einkommen und Vermögen. Es entwickeln sich unterschiedliche Reifegrade der digitalen Gesellschaft, lokal und global. Entgegenwirken kann das gesellschaftliche Betriebssystem mit Steuern, die

Polarisierung und übermässige ökologische Belastung vermindern. Will man sich aus den Fängen Amerikas befreien, brauchen wir Alternativen zu den globalen Digitalisierungstreibern. Weniger wichtig als der sofortige Aufbau von globalen Konzernen scheinen lokale Alternativen im Bereich der Datenspeicherung, der Finanztransaktionen, der Hardware, der digitalen Unterhaltung, der Suchmaschinen, der sozialen Netzwerke und der künstlichen Intelligenz. Bei der Etablierung der Infrastruktur des Internets der Dinge sollten wir neue Abhängigkeiten verhindern. Um die Digitalisierung auf der politischen Agenda zu stärken, wäre es sinnvoll, einen nationalen Digitalisierungsrat einzusetzen oder das UVEK in ein Departement für Digitalisierung zu verwandeln.

UVEK: Eidgenössisches Departement für Umwelt, Verkehr, Energie und Kommunikation, ist das Infrastruktur- und Umweltdepartement

Wir brauchen einen neuen Gesellschaftsvertrag. Dieser sichert unsere Freiheit, Solidarität, Demokratie sowie den Rechtsstaat ab. Dazu verpflichtet er die Starken, auf die Schwachen Rücksicht zu nehmen. Dieser Deal bezieht sich durch die Dominanz der Wirtschaft heute in erster Linie auf die ökonomische Stärke. Die Gewinner wenden einen Teil ihrer Vorteile für die Fürsorge, Integration und Förderung der Schwachen auf. Je mehr Maschinen wir in die Welt setzen, desto mehr müssen wir uns bei der Erneuerung des Gesellschaftsvertrags auf sie beziehen. Sie nehmen uns die Arbeit ab und verdrängen zunehmend auch Hochqualifizierte aus der Wirtschaft. Ohne Lohn fehlt aber das Geld zum Konsumieren. Zudem wird der Einfluss künstlicher Intelligenz für das Social Engineering immer stärker. Die Maschinen sind also die neuen Starken. Weil diese (bisher) keinen eigenen Willen haben, stehen ihre Besitzer in der Verantwortung. Das gilt auch dann, wenn die Unternehmen aus anderen Ländern stammen und damit drohen, das

Land zu verlassen. Je mehr die Maschinen die Form von unsichtbaren Algorithmen annehmen, desto flüchtiger werden sie. Wie das Kapital sind sie kaum noch an einen Ort gebunden.

Unternehmen sind aufgefordert, an der Erneuerung des Betriebssystems mitzuwirken. Wir leben in einer von der Wirtschaft geprägten Gesellschaft. Die Unternehmen sind nicht nur der Ort, wo wir am meisten Zeit verbringen. Sie prägen auch unsere Bedürfnisse sowie die Art und Weise, wie wir diese befriedigen. Je grösser und mächtiger ein Konzern ist, desto mehr nimmt er bewusst und unbewusst Einfluss auf das gesellschaftliche Betriebssystem. Die Digitalisierung stärkt die politische und gesellschaftliche Verantwortung von Unternehmen. Der Gesellschaftsvertrag entfaltet seine volle Wirkung, wenn sich die Digitalisierungstreiber freiwillig verpflichten, einen Beitrag für die Zukunft zu leisten. Die Pflege und Entwicklung des gesellschaftlichen Betriebssystems gehört deshalb zuoberst auf die Agenda der Nachhaltigkeitsmanagerinnen und -manager. Ihre Verantwortung nehmen Unternehmen wahr, wenn sie Diskussionen rund um die digitale Zukunft anregen, also zu Moderatoren des gesellschaftlichen Diskurses werden. Sie können auch die Erneuerung der Infrastruktur finanzieren, Sponsoren der Bildung sein oder zukunftsweisende Start-ups fördern. Je mehr wir Bildung privatisieren und ökonomisieren, desto mehr wird auch die Weiterbildung der Mitarbeitenden zu einer unverzichtbaren Investition in die digitale Gesellschaft.

Wir bewegen uns in die Richtung eines zweiteiligen Systems der Arbeitsteilung. Die Arbeitsteilung zwischen Wirtschaft und Gemeinschaft entspricht ganz dem Cloud-Prinzip. Während die Wirtschaft für die zentrale Bereitstellung der Kulissen unseres Lebens zuständig ist und global funktioniert, bezweckt der Gemeinschaftsdienst, diese Kulissen lokal mit Leben zu füllen. Diese Aufteilung funktioniert so lange, wie es nicht zu einer Teilung kommt – in eine ökonomisch durchdrungene und von globalen Konzernen supranational zur Verfügung gestellte Deluxe-Variante für die Elite und eine billige Variante für jene, die dort aufgrund ihrer fehlenden Talente keinen Unterschlupf finden. Arbeitgeber werden dann zu CARING-EMPLOYER. Diese bieten neben Arbeit auch Heimat, Identität, soziale Kontakte, Versicherungen, Krankenkassen und finanzielle Vorsorge. Die Budget-Variante für die Armen garantiert dagegen weder Freiheit noch Sicherheit. An die Stelle des Rechtsstaates tritt Selbstjustiz, an die Stelle von Selbstbestimmung treten Überwachung und Manipulation. Um eine Spaltung der Gesellschaft zu verhindern, braucht es einen hohen Anteil an Menschen, die den Gemeinschaftsdienst machen. Wichtig ist zudem ein starker Service public, damit alle Mitglieder einer Gesellschaft Zugang zur Infrastruktur und zu den Hilfsmitteln einer digitalen Gesellschaft haben.

Caring-Employer: Arbeitgeber kümmert sich rund um die Uhr um die Bedürfnisse des Mitarbeiters, kann so weit gehen, dass der Arbeitgeber Krankenkassen, Versicherungen, medizinische und finanzielle Vorsorge übernimmt

Gesucht wird eine Hintertüre in das neue Betriebssystem. Die aktuelle politische Situation lässt keinen Systemwechsel zu. Die etablierten Kräfte sind weder an Experimenten noch an Gedankenspielen interessiert, die sie in der Öffentlichkeit als naiv, verrückt oder gar als gefährlich erscheinen lassen. Dazu kommt, dass sich die Bevölkerung – auch aufgrund der Angstpolitik der letzten Jahre – vor Krisen, Terror, Kriegen, Wohlstandsverlust und Stellenabbau fürchtet. Einige Volksabstimmungen haben Updates thematisiert, alle sind an der Urne deutlich gescheitert. Das Volk wollte nicht mehr Ferien (34 Prozent Zustimmung), keine Energiesteuer (8 Prozent), keine Erbschaftssteuer (29 Prozent), keine Fixierung der Lohnspanne auf 1:12 (35 Prozent), keine Abschaffung der Pauschalbesteuerung (41 Prozent), keinen Mindestlohn (24 Prozent), keine Aufhebung der Wehrpflicht (28 Prozent) und keine öffentliche Krankenkasse (38 Prozent). Es wird auch das Grundeinkommen nicht gutheissen. Die Ergebnisse verweisen allerdings ebenso auf ein Drittel der Bevölkerung, das radikale Reformen will. Alarmierend ist die tiefe Wahlbeteiligung. Bei allen Initiativen hat sich höchstens etwas mehr als die Hälfte der Stimmberechtigten geäussert. Um die Quote zu erhöhen, könnten Ergebnisse mit tiefer Wahlbeteiligung für ungültig erklärt oder Wahlverweigerer finanziell bestraft werden. Nur leere Stimm- und Wahlzettel sind ein sichtbarer Akt der Verweigerung.

Prototyping ist ein viel versprechender Ansatz, um eine neue Gesellschaft zu simulieren. Bisher wird es erfolgreich bei physischen Produkten eingesetzt, um Feedbacks für die Weiterentwicklung und Lancierung einzuholen. Es gibt keinen Grund, Prototyping nicht auf das Betriebssystem einer Gemeinschaft zu übertragen. Konkret wäre eine Simulation des digitalen Budgetprozesses sowie der digitalen Kammer sinnvoll. Bevor wir neue Instanzen einsetzen, sollten wir diese ausführlich testen. Auch die Verwaltung alternativer Währungen und die Auswirkungen des Grundeinkommens sollten wir testen. Kleine Gemeinden, Siedlungen, ein Universitätscampus oder ein TECHNOPARK würden sich eignen, um die Auswirkungen zu simulieren. Bereits heute werden per Crowd-Funding Grundeinkommen finanziert und verteilt. Das zeigt nicht nur, dass ein Teil von uns bereits im Sinne der Updates aktiv wird, sondern wie akut die Ge-

Technopark: Örtlich begrenztes ökonomisches Ökosystem von Unternehmen, die aus ähnlichen Branchen stammen oder ähnliche Technologien einsetzen und eng mit Hochschulen verbunden sind

fahr einer Teilung des Systems ist. Unternehmen sind nicht dumm, und grosse Konzerne könnten bald auf die Idee kommen, selbst Grundeinkommen und Renten auszubezahlen – um die Beziehung zu talentierten und vernetzten Mitarbeitenden zu stärken und ihre Absätze zu sichern. Die Gemeinschaft der privilegierten «Bürger eines Unternehmens» wird sich ungebremst in die Richtung von GATED COMMUNITIES oder Quasistaaten entwickeln.

Das Gesellschaftssystem upzudaten, ist die Pflicht von uns allen. Wenn wir nicht in einer Diktatur, EXPERTOKRATIE oder Technokratie leben wollen, können wir die Verantwortung für die Erneuerung unseres Betriebssystems nicht delegieren. Auch wenn wir uns in die Richtung einer MENSCH-MASCHINE-SYMBIOSE entwickeln, sind es wir Menschen, welche die Updates definieren und umsetzen. Wir sind es, welche die Visionen und Werte festlegen, nach denen sich die Gesellschaft und ihr Betriebssystem ausrichten. Dabei sollten wir es uns nicht zu einfach machen und mehr als eine Zielgrösse definieren, an der wir den Erfolg der Transformation überprüfen. Eine Zukunft der Vielfalt verlangt eine multidimensionale Optimierung. Um möglichst viele zum Programmieren des Betriebssystems zu befähigen, braucht es eine Befähigung zum digitalen Zeitalter inklusive religiöser und ökonomischer Aufklärung. Mit jeder politischen Entscheidung und jedem Kauf an einer analogen oder digitalen Kasse dieser Welt prägen wir unsere Zukunft. Wenn wir unternehmerisch oder politisch aktiv werden, zeigen wir Alternativen auf und inspirieren zum Mitmachen. Soziale Medien sind

Gated Community: Gemeinschaft, die sich mit aufwändigen Sicherheitsmassnahmen vom Rest der Gemeinschaft absetzt
Expertokratie: Politisches Herrschaftssystem, bei dem sämtliche Entscheide von Experten getroffen werden
Mensch-Maschine-Symbiose: Wie Ameisen und Blattläuse sich ergänzen, entwickeln auch Mensch und Maschine starke Abhängigkeiten und wachsen zu einer eigentlich neuen Lebensform zusammen

Bühnen, die uns allen zur Verfügung stehen. Nichts wäre schlimmer, als vor den Herausforderungen der Zukunft, der Fragilität und den Defiziten des gesellschaftlichen Betriebssystems oder den mächtigen Digitalisierungstreibern zu kapitulieren.

«Schattenzeitalter» fängt als Gesellschaftsdiagnose mit Hilfe der Metapher des Schattens die Folgen der Digitalisierung ein. Das Buch beschreibt nicht nur die Kräfte und Mächte, die das Schattenzeitalter herbeiführen, sondern auch die Freiräume, die uns für die Gestaltung der Zukunft bleiben.

136 Seiten, gebunden, ISBN 978-3-7272-1371-7